微信视频号茶叶营销全攻略

从入门到精通 实现茶叶营销新突破

王金谱 古道白云·著

中国华侨出版社
·北京·

图书在版编目（CIP）数据

微信视频号：茶叶营销全攻略：从入门到精通 实现茶叶营销新突破 / 王金谱，古道白云著. -- 北京：中国华侨出版社，2024.11. -- ISBN 978-7-5113-9335-7

Ⅰ.F762.2

中国国家版本馆CIP数据核字第2024HF2143号

微信视频号　茶叶营销全攻略
从入门到精通　实现茶叶营销新突破

著　　者：王金谱　古道白云

责任编辑：刘晓燕

封面设计：赵一铭

经　　销：新华书店

开　　本：787mm×1092mm　1/16开　　印张：10.75　　字数：223千字

印　　刷：北京捷迅佳彩印刷有限公司

版　　次：2024年11月第1版

印　　次：2024年11月第1次印刷

书　　号：ISBN 978-7-5113-9335-7

定　　价：88.00元

中国华侨出版社　北京市朝阳区西坝河东里77号楼底商5号　邮编：100028

发 行 部：（010）64443051　　传　　真：（010）64439708

如果发现印装质量问题，影响阅读，请与印刷厂联系调换。

前 言

中小茶企为什么不能错过微信视频号？

想一想，当抖音于2016年年末问世，无人预料到它会带来多么翻天覆地的变化。众多网红在直播带货领域不断刷新销售纪录，激发了一场自2020年以来持续的淘金热潮，吸引了无数的商家涌入直播带货。然而，到了2024年，这一热潮出现了一个严峻问题，就是商家产品高度同质化和昂贵的投流成本，使得想要入局却资源有限的中小商家面临前所未有的挑战。时至今日，抖音直播带货的商业门槛已被推至难以触及的高度。

在这样的背景下，短视频依然是品牌与消费者之间重要的连接桥梁。对于资源较为有限的中小茶企而言，选择一个合适的营销平台显得尤为关键。微信视频号作为一个新兴的社交媒体平台，因其独特的优势，正在成为中小茶企不可忽视的宣传平台。

微信视频号的优势在于其深度整合并进入微信这一超级应用之中，依托庞大的用户基础和社交网络，为商家提供了一个无缝连接消费者的渠道。视频号与抖音、小红书等平台相比，起步较晚，但操作门槛较低，易于新手上手，而且入驻的达人和品牌数量较少，与其他平台的高度饱和相比，仍有较大的增量空间。

为了让读者更好地理解视频号的优势，本书将当前最具代表性的三大短视频及社交平台——微信视频号、抖音和小红书的特点进行对比展示。以下是这三个平台的对比表格。

三大短视频平台特色对比分析表

功　能	微信视频号	抖　音	小红书
用户基础	亿级用户，多为微信用户，覆盖广泛，用户群体年龄偏大	亿级用户，年轻化明显	主要用户为年轻人，特别是年轻女性，消费能力强
内容生态	依托微信生态，内容分发更精准	内容以娱乐化为主，传播速度快	强调生活方式和产品推荐，口碑营销效果好
用户互动	可直接利用微信现有社交关系，互动性强	需要重新构建粉丝群，但互动活跃度高	用户黏性高，专注度强
营销门槛	相对较低，便于快速启动	较高，需要独特内容吸引用户注意力	较高，内容创作要求精致
功能特性	结合微信支付、微信群等功能，便于转化成交	短视频快速传播，易形成热点	社区氛围感强，适合深度营销
面向茶企	适合长期品牌建设和深度用户维护，利于获客与转化	适合快速曝光和品牌宣传	适合精细化营销和提升品牌档次

可以看到，每个平台都有其优势，但微信视频号因其独特的市场位置和庞大的用户基础，为中小茶企提供了一片肥沃的营销土壤。许多茶企老板们已经拥有庞大的微信客户群体，可以直接利用现有社交网络进行营销推广，无须从头开始积累关注者。此外，视频号的内容创作门槛相对较低，茶企工作人员经过简单培训即可快速上手，进行内容制作和推广。

在本书中，我们不仅要探讨如何利用视频号的优势和潜力，还会提供策略指导和具体操作方法，帮助中小茶企在竞争激烈的市场中占据一席之地，实现品牌影响力的增强和销售的持续增长。让我们一起来发现视频号带来的无限可能吧！

目 录

第一部分：深度认识视频号——机遇与红利 ·································· 001

1.1 短视频引发中小企业品牌营销新变局 ·································· 001

1.2 中小茶企为什么一定要做视频号 ······································ 001

1.3 视频号的 IP 价值 ·· 002

1.4 视频号的推荐模式——算法与社交 ···································· 002

第二部分：与茶相关视频号的打造——逻辑与玩法 ·························· 003

2.1 确定目标受众 ·· 003

2.2 分析自身优势，规划视频号的变现方式 ································ 004

2.3 IP 规划与定位 ·· 004

    2.3.1 如何定位企业 IP 形象——个人 IP 与品牌 IP 的区别 ·············· 004

    2.3.2 寻找对标与茶相关的账号——分析其成功要素 ···················· 006

    2.3.3 头脑风暴——寻找并定位自己的独特价值 ························ 007

2.4 如何做好与茶相关的视频选题及文案撰写 ······························ 008

    2.4.1 挖掘与茶相关的热门话题——好的选题是成功的关键 ·············· 008

    2.4.2 对爆款文案进行二次创作——意义与方法 ························ 009

    2.4.3 如何打造与茶有关的爆款文案——模仿与超越 ···················· 010

    2.4.4 视频号常见的几种表现形式——口播类、编辑配音类、情景演艺类、图文类 ··· 011

2.5 短视频制作指南 ·· 012

    2.5.1 拍摄器材的选择与准备 ·· 012

  2.5.2 拍摄方法与构图技巧 …………………………………………………… 015

  2.5.3 相机参数设置和剪辑软件的选择 ………………………………………… 017

  2.5.4 常用剪辑步骤 …………………………………………………………… 019

第三部分：视频号的运营——流量为王 ……………………………………… 021

3.1 账号设置 ……………………………………………………………………… 021

  3.1.1 视频号的开通与认证注意事项 …………………………………………… 021

  3.1.2 个人号的认证与企业号的认证 …………………………………………… 022

  3.1.3 打造个人 IP 的网络名片——主页装修指南 …………………………… 026

3.2 内容发布 ……………………………………………………………………… 027

  3.2.1 发布您的第一条视频 …………………………………………………… 027

  3.2.2 视频号的发布技巧 ……………………………………………………… 028

  3.2.3 标签的使用——提高长尾流量 ………………………………………… 028

  3.2.4 完成账号冷启动 ………………………………………………………… 029

3.3 数据复盘 ……………………………………………………………………… 030

  3.3.1 如何利用数据复盘——看懂数据 ……………………………………… 030

  3.3.2 了解短视频推流机制——优化选题 …………………………………… 031

  3.3.3 创作者中心详解 ………………………………………………………… 032

第四部分：微信小店 ……………………………………………………………… 037

4.1 微信小店的开设 ……………………………………………………………… 037

4.1.1 微信小店的准入标准 ··· 037

　　4.1.2 店铺开设步骤 ··· 038

　　4.1.3 客服开通方法 ··· 039

4.2 店铺运营 ··· 040

　　4.2.1 上传第一件产品 ··· 040

　　4.2.2 了解营销工具 ··· 041

　　4.2.3 进驻优选联盟 ··· 043

　　4.2.4 资金结算 ··· 047

第五部分：视频号直播详解 ··· 050

5.1 茶叶直播间场景打造 ·· 050

　　5.1.1 布景方案 ··· 050

　　5.1.2 布光方案 ··· 053

5.2 直播工具采购与设置 ·· 054

　　5.2.1 相机直播还是手机直播？ ·· 054

　　5.2.2 直播硬件采购清单 ·· 054

　　5.2.3 直播工具设置 ··· 059

5.3 前期准备与直播规划 ·· 066

　　5.3.1 选择直播软件 ··· 066

　　5.3.2 视频号直播工具快速上手 ·· 067

5.3.3 用爆款思维决定直播主题与内容 ·· 070
5.4 直播技巧与互动 ·· 072
　　5.4.1 主播的表现力——吸引停留的关键 ·· 072
　　5.4.2 直播助理的工作与职责 ·· 073
　　5.4.3 加强观众的互动与参与——避免冷场 ·· 073
5.5 利用付费流量提升直播间人气 ·· 074
　　5.5.1 直播间抽奖——拓展直播间自然流量 ·· 074
　　5.5.2 发放直播红包——从私域引流直播间 ·· 075
　　5.5.3 视频号加热工具——用付费流量撬动直播间人气 ······················· 076
5.6 直播后的跟进与分析——提升直播水平的必修课 ·· 079
　　5.6.1 如何做直播后的数据分析 ·· 079
　　5.6.2 持续改进直播内容与形式 ·· 083

第六部分：引流与转化——变现策略 ·· 084

6.1 转化策略与案例分析 ·· 084
　　6.1.1 短视频和直播的转化路径 ·· 084
　　6.1.2 如何在不挂商品的直播间进行转化 ·· 085

6.2 铁粉与私域营销 ·· 087
    6.2.1 提前建立与茶相关的私域账号 ··· 087
    6.2.2 将客户添加到私域，建立长期关系 ··· 088
    6.2.3 构建社群与维护用户关系 ·· 089

第七部分：持续优化与拓展 ·· 092
7.1 分析与反馈 ··· 092
    7.1.1 利用数据反馈优化营销策略 ··· 092
    7.1.2 客户反馈的收集与应用 ·· 095
7.2 持续教育与资源 ·· 096
    7.2.1 推荐进阶学习资源 ··· 096
    7.2.2 持续关注行业发展与技术进步 ·· 098

附录 ·· 100
附录一：视频号常用术语一览表 ·· 100
附录二：直播禁忌语一览表 ··· 104
附录三：茶叶直播话术案例（模板） ·· 106
附录四：常见名茶及特征一览表 ·· 130

第一部分：
深度认识视频号——机遇与红利

1.1 短视频引发中小企业品牌营销新变局

几年前，我们还沉浸在微博和微信公众号的图文世界中。然而，随着抖音、快手等短视频平台的异军突起，短视频迅速成为新宠，无论是娱乐、获取信息，还是在线购物，短视频平台都在扮演着越来越重要的角色。如今，中小企业也在积极转向这些平台进行营销推广。

作为拥有超过 10 亿活跃用户的社交巨头，微信的视频号利用其庞大的用户群体，为中小企业提供了无限的可能。视频号的推广不仅流程简化，还通过与微信支付和商城的紧密整合，显著提高了用户的转化率。更重要的是，微信本身的社交属性极大增强了用户对品牌内容的信任度。

通过笔者近一年的视频号运营经历，可以看出视频号确实为中小企业特别是茶叶行业带来了前所未有的营销机遇。接下来，本书会深入探讨视频号如何作为一个强大的营销工具，帮助品牌塑造形象，与消费者建立更紧密的连接。

1.2 中小茶企为什么一定要做视频号

对于中小茶企来说，找到合适的营销平台是关键。视频号，作为微信的短视频和直播平台，覆盖了中老年群体在内的广泛用户群体。正是这些年龄层的用户，通常对茶叶有着较高的赏鉴品味要求，对健康生活有较强烈的追求。

一方面，视频号提供的视频和直播功能可以让茶企展示产品的详细制作过程和直观的品质展示，这对于传统的茶叶消费者来说有巨大的吸引力。中老年用户更注重产品的真实性和可靠性，通过视频展示，茶企能够有效传递这些信息。另一方面，茶文化拥有深厚的历史和文化底蕴，通过故事讲述、茶艺展示等形式，茶企的 IP 可以与用户建立情感链接，增强用户对品牌的忠诚度。

视频号上一个 3 万粉丝茶叶 IP 的用户年龄层分布

1.3 视频号的 IP 价值

在短视频领域，个人 IP 代表了通过平台建立和推广的个人品牌或形象。在内容创作和社交媒体的背景下，这个概念涉及个体如何通过其独特的个性、专长、内容风格或互动方式，在观众中建立可识别及具有吸引力的个人标识。个人 IP 的强大之处在于它能够将创作者的影响力和专业知识转化为商业价值，通过各种方式进行变现。

视频号提供了一个独特的机会，使中小茶企能够通过构建和利用自身的 IP，实现经济效益的最大化。企业可以通过展示其独特的茶文化、工艺和专业知识，构建强大的品牌形象。这种形象的构建不仅增强了消费者的品牌忠诚度，还增加了品牌的市场竞争力。

通过精心策划的视频内容和互动，不仅能够收获良好的口碑，还可以通过变现实现商业利益增长，这就是俗话说的"名利双收"。因此，打造短视频 IP 是企业做长期生意的不二之选。

1.4 视频号的推荐模式——算法与社交

抖音的标语是"记录美好生活"，小红书的标语是"你的生活指南"，视频号则是"记录真实生活"。由此可见，视频号在内容分发机制上是与抖音和小红书截然不同的。

视频号的内容分发机制基于熟人社交和算法推荐，利用社交关系裂变传播，一方面会直接面向 10 多亿的公域流量，另一方面又会巧妙利用账号主人的私域流量，公私域结合，用社交关系链弥补公域流量的不足。

视频号的算法推荐系统主要基于用户的行为数据，包括但不限于用户的观看历史、点赞、评论、分享行为以及观看时长等。系统通过分析这些数据，能够学习并预测用户的兴趣和偏好。然后，算法会向用户推送其可能感兴趣的内容。这意味着，如果你制作的是有关茶叶内容的视频，这些茶叶视频很有可能被优先推荐给喜爱茶叶的观众。

视频号的社交推荐特性则是基于用户的社交网络——微信的好友关系、群组和朋友圈。当一个用户观看、点赞或分享视频时，这些活动可能会通过朋友圈或微信群展现给他的微信好友，从而实现内容的社交流传。这种基于现有社交关系的推荐，加强了内容的信任度和接受度，因为人们倾向于信任他们的社交联系分享的内容。

到此为止，我们已经理解了短视频才是未来的主流营销模式，在接下来的章节中，本书将专注中小规模的茶叶企业，以打造个人 IP 的方式，实现企业在视频号上的数字化转型。本书的定位是一本实用手册，因此内容会以实用性很高的实操指导为主，确保读者在阅读每一章节时，都能够按照书里的指引来同步进行个人 IP 的打造。

第二部分：
与茶相关视频号的打造——逻辑与玩法

2.1 确定目标受众

在短视频平台开展营销工作，提前了解目标受众至关重要，特别是在制作与茶相关的短视频内容时。通常，与茶叶相关的短视频内容会吸引大量的成年观众，特别是中老年男性。这些观众不仅大部分有多年喝茶的习惯，而且由于年龄偏大，在健康和养生方面也有一定的追求，因此他们对于茶的种类、品质和泡茶技艺都有着独到的见解和要求。这类人群倾向于寻找那些能够提供专业知识、分享独特茶文化和展示精湛泡茶技艺的内容。

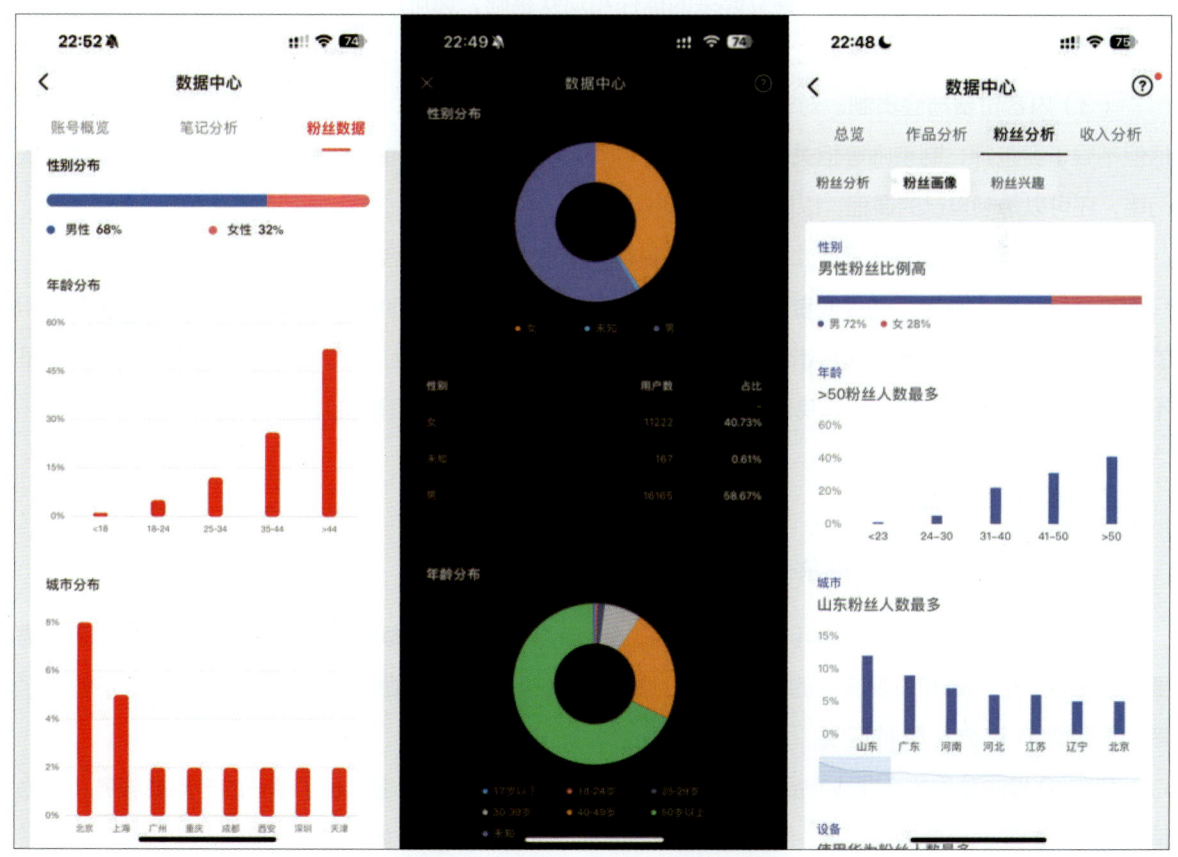

"古道白云说茶"在小红书、视频号、抖音三个平台（从左至右）的粉丝画像

因此，在创建内容时，我们需要深入挖掘这些受众的具体需求和兴趣点。例如，展示不同地域的茶叶特性，解析各种茶叶的品鉴技巧，教学各类传统和现代的泡茶方法，甚至探访茶园，讲述一片茶叶从采摘到成品的过程。

在视频号上，将这种专业和情感交织在一起的内容呈现给观众，可以有效地吸引和保持特定用户群的关注，并逐渐建立起一个忠实且活跃的粉丝群体。

2.2 分析自身优势，规划视频号的变现方式

我们须认识到，作为茶业行业的老板，我们拥有不可多得的资源——深厚的茶文化背景、丰富的行业知识，以及直接从源头获取高品质茶叶的供应链能力，这些都是构建视频内容的黄金素材。

因此，如果我们想在视频号上进行变现，可大致分为以下三种路径：

（1）产品销售。视频号账号可以直接链接到你的微信小店，观众在观看了关于茶叶介绍的视频或者直播后，可以直接点击购买链接，进行购物。

（2）品牌合作。通过与用户建立起来的信任和观众基础，你可以吸引其他企业与你合作，如茶叶公司、茶具公司或其他与健康生活方式相关的品牌，进行联名推广或广告赞助。

（3）内容付费与会员制。对于提供深度内容或专项课程的视频，如专注于茶文化培训的企业，包括但不限于评茶师、制茶师等相关的职称培训。你可以设定会员专享或付费观看，为独家内容设置观看门槛，还可以录制自己的课程，以网课的形式进行贩售。

视频号变现的路径其实远不止上述三种，具体变现路径还可以结合自己的企业特色进行独家定制，只要不违反平台的规定，间接或者直接的营销行为都可以采用。当前阶段，视频号的审核对创作者采用的营销手段限制较少，非常适合错过了前几年抖音、快手等平台发展红利的商家入驻。读到这里，您是不是有些跃跃欲试了？先别急，我们要一步一个脚印，从打造个人 IP 开始起。

2.3 IP 规划与定位

2.3.1 如何定位企业 IP 形象——个人 IP 与品牌 IP 的区别

相信很多在茶业行业深耕多年的企业主们，觉得自己的品牌有时候就像是一杯精心泡制的老茶，需要慢慢地被人们品味和发现其中的独特之处，是不是？在我们继续挖掘自己品牌的潜力之前，不妨先了解一下品牌 IP 和个人 IP 的区别。

品牌 IP 指的是你的企业或产品作为一个整体的市场身份和形象，它超越了单一的产品或服务，成为消费者心目中的一个集品牌故事、价值观和情感链接为一体的整体。比如，当我们提到某些知名茶品牌，你可能会立刻想到它们独特的品质、精美的包装或者与之相关的一段历史故事。

抖音的"小罐茶官方旗舰店"账号，就是一个典型的品牌 IP，其主要目的就是贩售自己的产品，视频内容以介绍产品特色为主。

而个人 IP，通常是围绕一个具体的人物形象建立的，比如公司的创始人或是品牌的代言人，当前中

抖音"小罐茶官方旗舰店"账号（左）和"杜国楹"账号（右）

小规模的茶叶企业更多地采用"主理人"这个词。个人 IP 的力量在于其独特性，它能够通过一个鲜明的个人形象直接与观众建立情感联系并获取其信任。比如，一位深谙茶艺、风趣幽默的茶空间主理人，通过视频展示高超的茶艺和丰富的茶文化知识，逐渐成为观众心中茶文化的代言人。

小罐茶创始人杜国楹在抖音的个人账号，就是一个典型的个人 IP，其视频内容以知识分享为主。

在视频号上塑造企业 IP 时，作为茶企老板，你们要决定是推广品牌的整体形象，还是通过一个具有感染力的个人 IP 来间接售卖你的产品。这里有几个小建议，可以帮助你们做出决定。

1. 了解你的受众。了解他们是更喜欢与品牌还是个人建立情感联系。例如，年轻观众可能更喜欢与个人 IP 互动，而更成熟的客户可能对稳定可靠的品牌 IP 更感兴趣。

2. 评估成本和长期目标。个人 IP 可能需要较强的个人魅力和持续的公众参与，而品牌 IP 可能更侧重于长期的品牌价值积累和多样化的营销策略，因此营销成本会比个人 IP 要高很多。

3. 结合使用。在少数情况下，个人 IP 和品牌 IP 可以相辅相成。例如，企业的创始人可以作为品牌的面孔，讲述品牌故事，增加品牌的人文关怀和可信度。茶叶行业最耳熟能详的品牌之一就是天福茗茶，其品牌名的来源就是创始人张天福老先生。

综上所述，对于中小规模的茶叶企业来说，笔者更推荐老板或者是创始人做自己的个人IP。打造品牌IP的营销费用过高，对于小品牌来说，要想不断提升市场占有率，就需要企业持续不断地在短视频平台购买流量，或者是支付高昂的坑位费，让网红去推广你的产品。另一方面，在现今的经济环境下，大部分行业都面临产能过剩以及电商平台产品同质化的趋势，如果是打造个人IP，则更容易低成本地获得粉丝的信任，降低企业在短视频平台的营销成本。

2.3.2 寻找对标与茶相关的账号——分析其成功要素

我们都知道，在任何行业中，学习和借鉴行业内表现出色的同行是加速成功的重要途径。那么，在视频号这个新兴的平台上，如何找到与茶相关的成功账号，并分析它们的成功要素呢？

首先，我们可以在视频号主页的搜索框，输入"茶""茶叶"等关键词，这时候搜索框的下拉栏会出现很多与茶相关的账号，那些内容丰富、持续更新时间较长的账号都是我们潜在的对标账号。

其次，我们要对这些搜到的账号进行筛选，寻找适合我们模仿的账号，这是我们起号时最重要的一步，请务必遵循以下原则。

1. 找可以学习的账号。可以1:1模仿出这个账号拍摄出来的爆款内容，千万不要找学不会的。

2. 尽量找1年以内起号的账号。短视频平台节奏变化快，用户的喜好也是在不断变化的，2年前的热门内容或者视频风格，2年后就不一定再受欢迎了。

3. 尽量找粉丝数量小于10万的账号。一般来说，百万粉丝以上的账号，很多都是赶上了平台的扶持期，这种账号一方面可复制性不

在搜索栏输入"茶"后，所展现的与之相关的账号

高，另一方面粉丝画像也不精准。这里值得注意的是，视频号与抖音、小红书不一样，视频号不会显示账号的粉丝数，而且视频号当前茶业类目的个人IP远没有抖音数量那么多，因此在视频号上搜索对标账号时，可以忽略这条规则。

4. 尽量找粉丝画像匹配的账号。以茶叶赛道为例，一个具有变现价值的账号，其粉丝人群大部分是 40 岁以上的男性。因此，在筛选对标账号的时候，要去掉粉丝画像与之不匹配的账号。

比如我们想模仿的风格是"男性 + 口播 + 知识分享"，通过上述法则，下图"古道白云说茶"账号即符合初步需求。

"古道白云说茶"视频号账号截图

2.3.3 头脑风暴——寻找并定位自己的独特价值

找到了可以参考模仿的对标账号，我们就要进行深度的头脑风暴，来构思自己 IP 的人设了。俗话说"一千个读者心中有一千个哈姆雷特"，没有一个账号的人设能够 1∶1 地复制到别的账号上，因此我们首先要做的，就是列出一个简单的表格，把账号出镜人的特点全部罗列出来。一般来说，可以从优势分析和辨识度分析两个维度出发。为了让读者更好理解，接下来我会用具体案例来讲解如何利用这两个维度来确定账号的人设。

第一维度：优势分析

表 2-1

硬件优势	身高	颜值	性格	身材	家庭条件	智商	情商	创造力（天赋）
软件优势	才艺	技能	证书	时间	个人阅历	人脉关系	表达能力	—

优势分析：假设你是一个在茶行业深耕了 30 多年的茶企业主，是一位男性茶人，今年 50 岁了，有着评茶师、制茶师等多项行业内证书，甚至出自制茶世家，是某某茶叶的非遗传承人。你对茶叶的分类、产地、加工方式、口感等知识倒背如流。你在茶行业内有着深厚的资源，比如拥有自己的茶园或者茶厂，与行业内的专家、大师都是朋友，对举办行业内的品鉴活动、交流活动有着深厚的心得。以上这些都是你自身的优势，是你人设的一部分。

第二维度：辨识度分析

表 2-2

服饰	妆容	道具	场景	声音	视频风格（画面、音乐、节奏等）

辨识度分析：若你拥有一间茶室或者是古风装修的茶空间，因此，在录制出镜视频的时候，背景中的茶壶、古风台灯、传统摆件都是你视频中的视觉元素。如果你有自己的茶园，可以舍弃室内空间，在室外拍摄，背景中若隐若现的茶园就是你视频的背景。录制视频的时候，你可以穿戴传统服饰，用铿锵有力的声音或者娓娓道来的语气为观众分享茶知识，剪辑的时候可配上古风或者是节奏轻快的背景音乐。以上这些视觉和听觉元素的组合，在个人的自身优势之上，能加强IP的辨识度。

账号"静山茶坊"，每期视频都由账号主人真人出镜，出镜人是一位30岁左右的女性，在慢节奏的背景音乐下，以娓娓道来的语气，分享一段不超过1分钟的茶知识，视频背景以茶室和茶园为主。

微信视频号"静山茶坊"账号

2.4 如何做好与茶相关的视频选题及文案撰写

2.4.1 挖掘与茶相关的热门话题——好的选题是成功的关键

在这个信息爆炸的时代，一篇好文案的背后往往是一个能引起共鸣的好选题。要在众多内容创作者中脱颖而出，我们需要掌握的技能，就是如何挖掘那些与茶相关的热门话题。

我们要知道短视频是什么。短视频和传统视频的区别就在于被动性和随机性。你刷到的任意一条短视频都是它选择你，而并非你主动选择它。这跟我们去主动搜索一个视频是完全不一样的。当你主动搜索一个视频去看的时候，你已经确定了和它的供需关系。当你在刷短视频的时候，你是随机、被动地在接受各种信息。从用户视角来说，你刷到的视频是随机的，观看的场景状态是随机的。从创作者视角来说，观看视频的用户也是随机的，而这三个随机奠定了短视频的节奏和内容模型用户。因为大家对下一条视频有着未知的期待，从而留给你这条视频去说服用户的时间不会很多，所以才会出现我们看到的每一条短视频都试图在前3秒或前5秒的时间，把有利于他的信息塞满并列，举出无数个用户必须看下去的理由。因为只有这样，才能快速地和用户建立供需关系，并且在随机匹配的用户中去筛选你要的精准人群，去建立需求。

说服用户留下的形式多种多样，但无一例外都是遵循人性去深度思考你的用户。因为什么而留下来，他们对什么感兴趣，关心什么，焦虑担心的又是什么？正确的供需关系，会让对的人留下来，对的人留下了，你的内容才会有价值，才会不断地推动你的数据前进。但如果只有精准人群，并不能让你的流量再上一个层级。因为精准人群是有限的，而泛流量人群是无限的。想要真正意义上做出爆款，你就必须扩大目标受众范围，让更多的围观人群也能够参与其中，他们才是将这个故事推上高潮的关键所在。所以，与其去谈论只有10%的人才能听懂的行业干货，不如去讲90%的人都会有收获的行业知识点，例如与其去谈论碧螺春的具体制茶工艺，不如去讲夏天适合喝哪些茶。

当用户留下来之后，我们就要考虑如何让用户尽可能地停留更长时间，让用户持续地看到最后一秒。而这个问题的关键就在于视频的信息密度和内容结构。比如一条变装视频只有12秒，但它换了6个场景，6套服装。又比如一条视频讲完了前期起号做短视频的所有流程，这条视频长达8分14秒，但浓缩了创作者做视频号3年500次尝试踩过的所有坑，信息密度很高。所以短视频的短并不只是体现在视频时长上，还是信息浓缩度的体现，是让用户在更短的时间内接受更多信息的能力，是创作者提供的信息密度变高。

不可避免的是，随着视频播放的时间越来越久，留下的观众就会越来越少。因此，重要的论点一定是呈现在最前面的，也就是短视频行业常说的开头黄金3秒或者黄金5秒——你需要用专业度快速地建立用户对内容的信任。一旦建立了信任，观众会更期待后面的内容。并且第一个论点在具备专业性的同时，又不能讲得太深，不然在选题上拓展的围观人群就会失去耐心，下滑到另一个视频。同时只有观点和结论是不够的，要把你的内容视为一场辩论赛，想要真正说服观众，就必须通过具体案例来佐证你的观点。在辩论中有效的论证离不开支撑性的证据和案例。证据可以是统计数据研究结果、历史事件等，用来证明你的观点的正确性和可靠性。比如在谈论茶多酚或者茶氨酸对人体有某些具体功效的时候，可以去引用某个大学做过的实验数据来进行佐证。

2.4.2 对爆款文案进行二次创作——意义与方法

在撰写与茶相关的视频内容时，一个重要的部分是对选题和文案的精准打造。在前期对流量还没有经验的时候，一定不要做原创，一定不要做原创，一定不要做原创！（重要的事情说三遍）因为你如果没有做流量的经验，你就不知道什么话题、什么选题是可以吸引用户的；你也不知道什么样的内容，是对用户有价值的内容。因此，前期做原创内容上热门的概率无异于买彩票中奖，而这个拿不到结果的过程，会大大消磨你的信心和斗志。

新手做短视频的三大雷区。

- 自娱自乐。没有站在用户的立场，做用户喜欢的内容。
- 内容琐碎。无法在有限时间内，将主题完整、简洁地表达出来。
- 前后矛盾。逻辑不通，经不起推敲。

爆款内容一定是对用户具有很高价值的。短视频的价值分为两种，一种是情绪价值，另外一种叫信息价值。情绪价值就是能让别人开心解压，感到共情，比如一个精彩绝伦的茶艺表演。而信息价值，就是能够让别人看完之后收获一些信息的增量，比如说一个泡茶的冷知识，健康喝茶的小窍门。优质的视频是永远离不开这两个价值的。

了解之后，我们再尝试去模仿、去借鉴这种爆款内容的模式，但是一定是要用自己的话讲出来，接下来会具体讲解如何对他人的爆款视频进行二次创作。

2.4.3 如何打造与茶有关的爆款文案——模仿与超越

以视频号账号"古道白云说茶"为例，来到账号主页，寻找往期视频点赞量明显高于其他视频的一期，点击进入观看（见右图）。

一般来说，主页置顶的视频都是该账号点赞量最高的视频

以"这些名茶的雅称你都知道吗？"这条视频为例（见左图），我们先记下原视频文案，原视频文案为："这些名茶的雅称你都知道吗？名茶之首，西湖龙井。红茶鼻祖，正山小种。红茶皇后，祁门红茶。红茶新贵，金骏眉。茶中香槟，东方美人茶。茶中淑女，洞庭碧螺春。茶中美女，白毫银针。茶中状元，大红袍。茶中君子，太平猴魁。

该视频点赞量高于其账号内大部分视频

茶中香水，凤凰单丛。茶中之王，铁观音。茶中大熊猫，黄金芽。茶中古董，普洱老茶。普洱茶王，老班章古树。普洱茶皇后，冰岛老寨古树。"

一个40秒左右的视频浓缩了大部分名茶的别名，该视频不仅简短而且信息密度非常高，这条视频的文案结构是没有问题的，然后从视频的文案、画面、声音三个维度来进行解析。

● 文案。开头第一句话为"这些名茶的雅称你都知道吗？"符合短视频的开头黄金3秒原则，且快速告知用户该视频传递的是茶叶知识价值，也就是信息价值，因此开头第一句无须过多修改。在茶叶知识方面，如果您所掌握的知识比原视频所传递的更加丰富，则可以进行补充。当然，我们也可以基于原视频的时长，进一步删减或补充信息密度，因为视频的长度也是影响完播率的重要因素之一。

● 画面。原视频画面展现的是一位50多岁的男性，坐在茶空间的一把椅子上，背景是暖色调的灯光。结合你自己账号的实际条件，也可以进行人物和空间上的置换。比如，可以换成一位30岁左右的女性茶人出镜，场景为一间精心布置的茶室里，人物前方是一张茶桌，茶桌上可以摆放紫砂壶等器具。

● 声音。原视频是中年男性浑厚的声音，配上轻快节奏的音乐。我们可以结合自己的实际情况改动。比如，出镜人换成一位30多岁的女性茶人，配上娓娓道来的声音，同时将背景音乐换成节奏更慢的古风音乐。

进行到这里，我们就完成了最基础的二次创作，修改后的视频文案为：

"这些茶叶的绰号，你知道几个？

茶中美女，福鼎银针；

茶中将军，六安瓜片；

红茶皇后，祁门红茶；

茶中状元，大红袍；

茶中君子，太平猴魁；

茶中香水，凤凰单丛；

茶中才女，政和银针；

茶中古董，普洱茶；

红茶鼻祖，正山小种；

绿茶皇后，西湖龙井；

茶中霸王，老班章；

红茶之冠，金骏眉。"

2.4.4 视频号常见的几种表现形式——口播类、编辑配音类、情景演艺类、图文类

在探讨与茶相关的短视频内容制作时，了解和选择合适的表现形式是至关重要的。这些表现形式不仅能塑造内容的风格，影响观众的感受，还直接影响视频的传播和受众互动效果。以下是几种常见的视频表现形式，它们可以有效地提升茶叶账号的吸引力和专业度。

1. 口播类

口播类视频是茶叶赛道最常见的形式，依靠出镜人的直接讲述来传递信息。优点是拍摄成本较低，且亲切自然，又由于是真人出镜，能够快速建立起观众与主播之间的连接。对于茶企来说，口播类视频

可以用来：

- 讲解茶叶的基础知识：如茶叶的分类、中国四大红茶等。
- 讲解茶叶的养生知识：如茶多酚的功效、喝茶失眠怎么办等。

代表账号：静山茶坊、美丽说茶（抖音）

2. 编辑配音类

编辑配音类视频通过精心剪辑的画面和专业的配音来传达内容，适合传递信息量较大或需要视觉展示的内容。优点是制作精良的视频视觉效果非常好，能收获大量流量；缺点是制作成本高昂，需要精通摄影、剪辑、3D建模、特效软件、配音的团队制作。一般适用于：

- 制茶过程的展示：通过详细的步骤解说和高质量的画面展示茶叶从采摘到成品的全过程。
- 展示茶艺手法：通过实景拍摄+特效动画等方式展示茶艺的视觉效果。

代表账号：名做茶友会（抖音）

3. 情景演艺类

情景演艺类视频通过编排故事情景，用夸张的表演来吸引用户，优点是非常适合打造情感共鸣，但切忌过分夸张的演绎，制造焦虑等行为。例如，演绎买茶场景。通过情景剧、段子的形式，描述茶叶小白买茶的种种遭遇，引发观众共情。

代表账号：老九好茶（抖音）

4. 图文类

图文类视频侧重于静态图片和文字的组合，通常搭配AI生成的配音，是信息传递的快速和直接方式，最大的优点就是制作成本低，缺点也较多，如视频质量粗糙，观感接近营销号；非真人出镜，账号认同感低，变现难等。此类视频比较适合：

- 快速新闻或茶市行情更新：通过图文快速更新茶叶市场的最新动态。
- 浅显教育性内容的简洁表达：如茶叶的分类、冲泡方法的图解说明。

代表账号：小游爱喝茶（抖音）

2.5 短视频制作指南

2.5.1 拍摄器材的选择与准备

在制作短视频时，选择适当的拍摄器材与道具不仅能提升视频质量，还能大幅提高创作效率。一些常见的拍摄器材有：

相机：

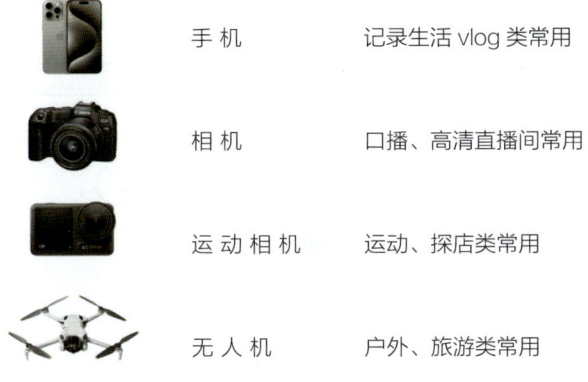

手机	记录生活 vlog 类常用	
相机	口播、高清直播间常用	
运动相机	运动、探店类常用	
无人机	户外、旅游类常用	

辅助器材：

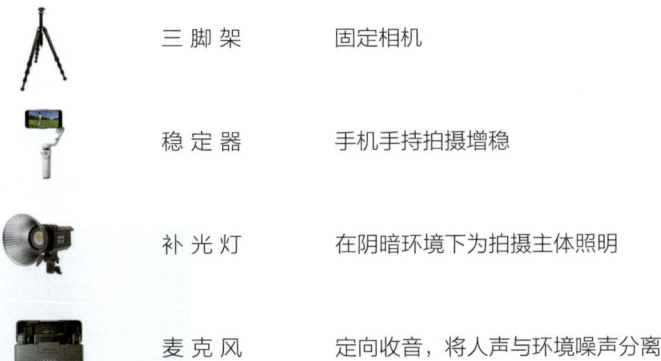

三脚架	固定相机	
稳定器	手机手持拍摄增稳	
补光灯	在阴暗环境下为拍摄主体照明	
麦克风	定向收音，将人声与环境噪声分离	

茶叶类目的短视频，一般多采用相机和手机来录制，以下是手机和相机的优缺点对比，以及推荐的适用场景，我们可以根据自身的需求来进行选择。

表 2-3

特点 设备	优点	缺点	适用场景
手机	小巧便携、学习成本低	画质与相机录制的差距较大	低预算、户外直播
相机	画质清晰、色彩细腻、明暗过渡自然	价格高昂、体积和重量较大、学习成本高	画质高级的口播、室内高清直播间

器材准备妥当后,就要开始室内的布光工作,对于预算和拍摄空间有限的企业来说,选择基础的三点布光即可。

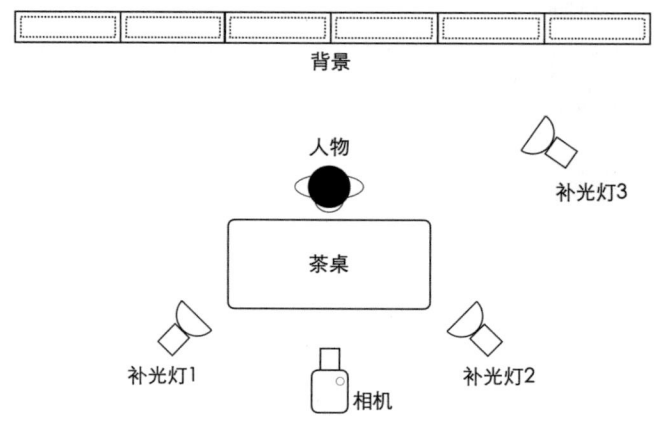

视频拍摄领域最常见的三点布光的灯位图

三点布光是视频和摄影中最常用的照明技术,特别适合人像和小型场景拍摄。它包括三种主要的灯光:关键灯(Key Light)、补光(Fill Light)和背光(Back Light)。正确使用三点布光能有效地模拟自然光的效果,同时增强视觉的层次感和深度。以下是这三种灯光的具体作用和配置方法:

1. 关键灯(Key Light)

关键灯是三点布光中最主要的光源,其主要作用是照亮被摄体的主要部分,是构成画面光影效果的关键。它通常位于相机前方偏一侧,大约30度到45度的位置,高于被摄对象的头部,目的是模拟自然光源(如太阳)的位置,并形成自然的阴影,增加立体感。

2. 补光(Fill Light)

补光的作用是减少或软化由关键灯产生的阴影,使画面光线更加均匀。它通常位于相机与关键灯的另一侧,光线要比关键灯弱,通常为关键灯的一半或更低。通过调整补光的强度,可以控制被摄体的细节和阴影的深度,达到更平衡的照明效果。

3. 背光(Back Light)

背光位于被摄体背后,主要作用是从背部和侧面为

关键灯

被摄体提供光线，帮助被摄体从背景中脱颖而出，形成更好的空间感和层次感。背光通常较强，能在被摄体的边缘形成一圈光晕，增强视觉的立体感和深度。背光也有助于营造一种戏剧化的氛围。

配置三点布光的技巧：

● 角度和位置。确保关键灯和补光呈一定角度，通常关键灯45度，补光则放置于关键灯对面的30度至45度角位置。

● 光线强度。关键灯应为最强，补光为第二，背光可以与关键灯相等或略强，但关键是保证不要让背光影响到前面的光线平衡。

● 软化光线。使用柔光器或反光伞等工具，可以让光线更柔和，避免过硬的阴影和光斑。

2.5.2 拍摄方法与构图技巧

在我们刷到一些优秀创作者的视频时，总是被其视频画面所吸引，不知不觉间就看完了整个短视频，也在不知不觉间为该视频贡献了完播率。为什么如李子柒之类的创作者的视频画面具有电影感呢？

视频的电影感通常指一种视觉和情感上模仿电影的质感和风格的表现方式，使观众感受到类似于观看电影时的沉浸和情绪体验。这种电影感可以通过多种技术和艺术手法实现。读到这里，请各位打算进军短视频的企业不要有太多压力，短视频还是以内容为王，只需要掌握最基础的构图技巧，就足以应对绝大部分的口播类视频的拍摄需求。

构图技巧：

1. 中心构图。人物位于镜头的正中央。
2. 景物前置。在人物与镜头的中间放置景物，突出空间纵深。
3. 人景结合。选取合适的背景，丰富画面信息密度。

人物构图示例

景别：

1. 远景。拍摄范围较大，广阔深远，能展现人物活动环境和场景。
2. 全景。人物的全身像，能清晰看到人物全貌和肢体动作。
3. 中景。选取人物膝盖到头部的位置，能看清人物上半身的动作和情绪。

远景示例　　　　　　　　全景示例　　　　　　　　中景示例

4. 近景。聚焦人物腰部到头部，着重展现其面部神态和思想情绪。
5. 特写。聚焦人物肩部以上或身体局部的特征，展现聚焦部位的具体动作细节。

近景示例　　　　　　　　特写示例

2.5.3 相机参数设置和剪辑软件的选择

在制作高质量的视频时，合适的相机参数设置搭配易上手的剪辑软件是至关重要的。这些技术细节不仅影响视频的专业感，还能直接影响观众的观看体验。因此，为确保最终输出的视频画质足够清晰，请参考以下四个方面的建议。

表 2-4

步骤		建议
1	设备选择	选择支持 4K 录制的手机/相机
2	参数调整	拍摄前请手动将录制参数设定为 4K
3	灯光控制	避免被摄主体出现过曝、跑焦等情况
4	输出方法	尽量使用压缩文件、AirDrop 传输，微信等平台会对视频进行二次压缩降低画质

● 手机

以苹果手机操作系统为例，打开视频界面，将右上角参数设置为"4K·30"分辨率，这里的 30 指的是帧率。拍摄短视频的帧率设定为 30 帧最佳（或者 30 帧的倍数），以适配智能手机的屏幕刷新率（手机屏幕的刷新率一般为 60Hz 或是 120Hz，均为 30 的倍数）。

● 相机

以佳能相机为例，在设置界面，选择 4K-U 作为分辨率，帧率选择 29.97。

苹果手机拍照界面

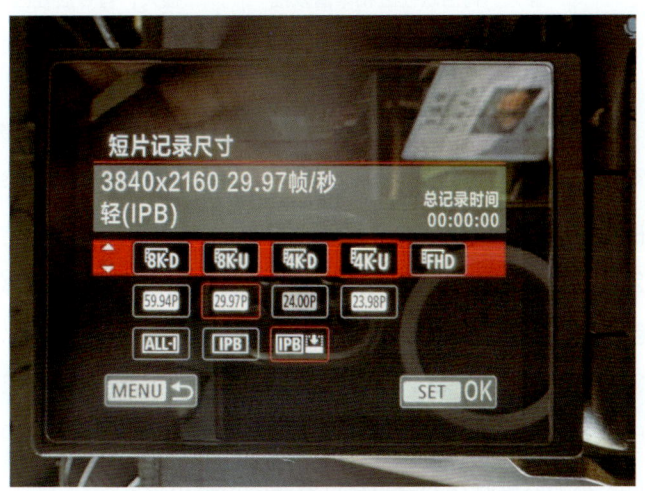

佳能 EosR5 相机参数设置界面

说到视频剪辑，绕不开视频软件的选择，尤其是在当前短视频对我们的生活渗透率较高的情况下，新手应优先选择门槛低易上手的剪辑软件，以下是当前视频行业常用到的剪辑软件的特点对比。

表 2-5

特点 \ 软件	剪映	达·芬奇（DaVinci Resolve）	PR（Adobe Premiere Pro）
易上手	非常容易，对新手友好	较难，需学习曲线	中等，需一定学习时间
功能全面	基本功能齐全，适合短视频创作	非常全面，适合专业电影剪辑	非常全面，适合专业视频编辑
内部素材库	有丰富的内置素材库	无内置素材库	无内置素材库
用户界面	简洁直观，导航便捷	专业复杂，功能多界面较复杂	介于简洁和复杂之间，功能多且稍显复杂
订阅费用	较低，性价比高	基础版免费，但专业版较贵	订阅费用较高
兼容性	移动端友好，支持跨平台使用	多平台支持，专业级兼容性	多平台支持，广泛兼容
渲染速度	较快，适合短视频制作	快速且高效，适合长视频制作	高效，但对硬件要求较高
社区支持	强大，有活跃社区和丰富教程	强大，有专业社区支持	强大，有丰富教程和社区支持

从表格里可以看出，剪映应该作为初学短视频剪辑的不二之选。

（1）易上手。剪映界面简洁直观，操作简单，非常适合初学者快速上手，不需要大量学习曲线即可上手视频编辑。

（2）有强大的素材库。剪映内置了丰富的模板、音乐、特效等素材，用户可以方便地使用这些资源进行创作，无须额外下载或购买素材。

（3）使用成本低。与其他专业视频编辑软件相比，剪映的订阅费用较低，性价比高，适合预算有限的用户。

因此，本书以剪映作为剪辑软件教学的讲解示范。

2.5.4 常用剪辑步骤

1. 整理素材并导入

对拍摄的素材进行整理和筛选，将筛选后的素材导入剪辑软件。

2. 完成基础设置

点击"修改"，然后将帧率设定在 30 帧 / 秒，色彩空间设定为 Rec.709 SDR。

 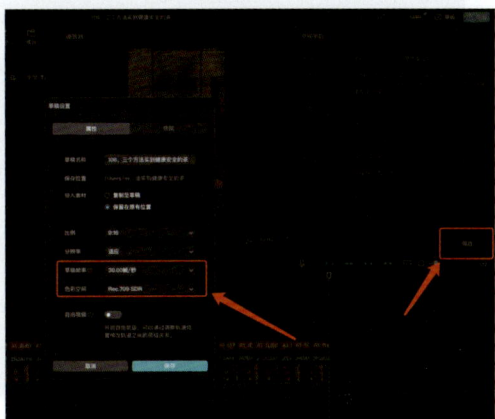

3. 粗剪视频

按照文案内容，剪掉一条视频中说错、说漏等无效片段，将需要保留的片段拼接到一起。

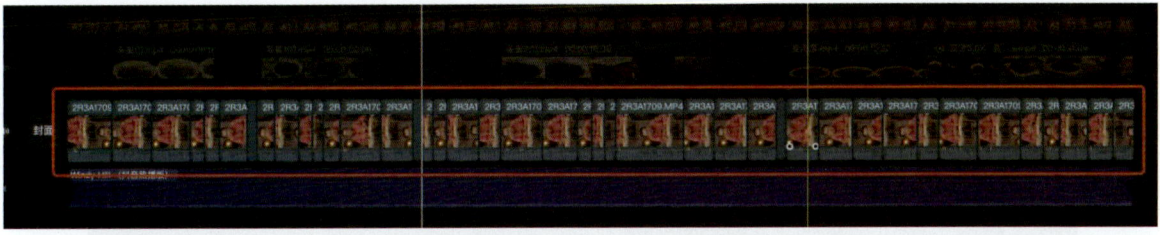

4. 精剪视频

5. 补充素材

根据视频的讲解内容，配上补充说明用的图片、视频素材，再配上适当的背景音乐。

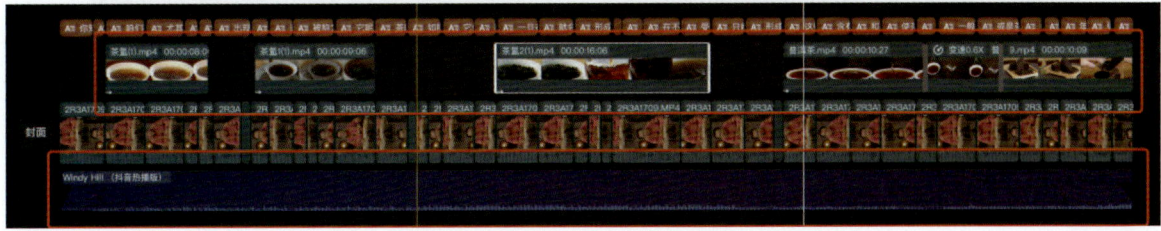

6. 添加字幕

选中需要添加字幕的视频片段，右键→"识别字幕/歌词"，系统会自动识别视频中的声音并为其配上字幕，目前准确率无法达到100%，因此需要在自动识别后自行对字幕进行校准。

7. 导出

完成剪辑工作后，点击右上角的"导出"，只勾选"视频导出"，具体参数可根据下图设置，"码率"和"分辨率"都会影响视频的清晰度，不宜设置得太低。

第三部分：
视频号的运营——流量为王

3.1 账号设置

3.1.1 视频号的开通与认证注意事项

在我们制作第一条短视频后，就可以着手开通账号了。首先，我们打开微信后要点击底部的"发现"，找到界面上的"视频号"，再点击右上角的小人头像，再点击页面下方的"发表视频"，点击后就能进入注册视频号的界面，需要注意，一个微信账号只能注册一个视频号。

点击"发现"，找到"视频号"

点击右上角的小人头像

点击"发表视频"

在创建页面时，系统会默认将你的微信头像和名称设为视频号的头像和名称。对于想在线上打造个人 IP 的商家来说，一定要提前规划好，不要随便先填个头像和名称，等到认真发布视频的时候再修改。这里建议将视频号当作一个独立的账号，与个人日常使用的微信账号区分开来。

其次是账号的实名认证，没有进行实名认证的账号无法进行开直播、提现等操作。

填写账号名称

未进行实名认证的账号平台会提醒进行实名认证

3.1.2 个人号的认证与企业号的认证

平时喜欢刷视频号的读者，一定都曾刷到一些账号名称旁边有"黄勾"或者"蓝勾"的账号，这些都是通过了平台官方认证的账号，不仅会得到一些流量的倾斜扶持，还会解锁一些账号特权，如果满足认证要求，一定要第一时间认证自己的视频号。

（1）打开微信，点击右下角"我"，在界面找到"视频号"　　（2）点击右上角三个小点　　（3）点击"创作者中心"

（4）点击"更多"　　（5）点击"认证"　　（6）视频号认证

个人认证和企业认证

● 个人认证

个人认证分为"兴趣认证""职业认证""音乐认证"三种方式，通过个人认证的账号，会拥有黄勾标识。对于从业多年的茶行业的老板们来说，大部分应该都拥有评茶师或者是制茶师等国家职业资格证书，因此笔者建议进行"职业认证"。在拥有国家职业资格证书等情况下，"职业认证"和"兴趣认证"相比门槛更低，在发表第一条视频后就能够开通认证。

以茶业赛道为例，在提交茶艺师、评茶师、制茶师等国家资格证书后，待审核通过，账号名称旁即会出现黄勾认证。

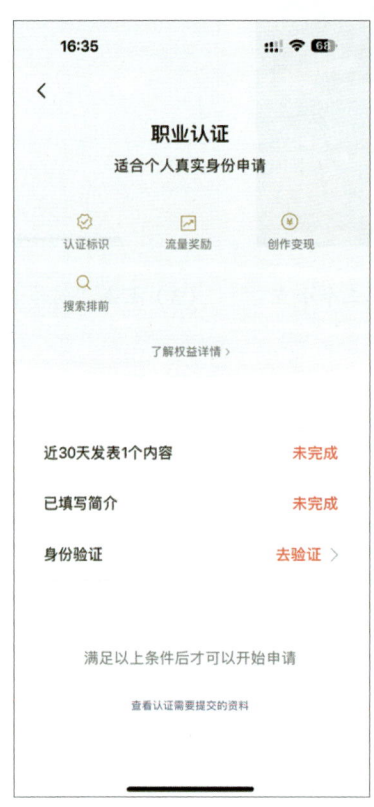

个人账号进行职业认证的
基本需求

个人账号进行职业认证

● 企业和机构认证

通过认证的视频号，账号名称旁会出现蓝勾标识，显示所认证的企业名称。如果您在过去经营过自己的微信公众号，可以直接通过微信公众号来认证。也可以按照提示，去网页版的视频号助手提交营业执照等资质来进行企业认证。

方法一：通过现有的微信公众号认证。

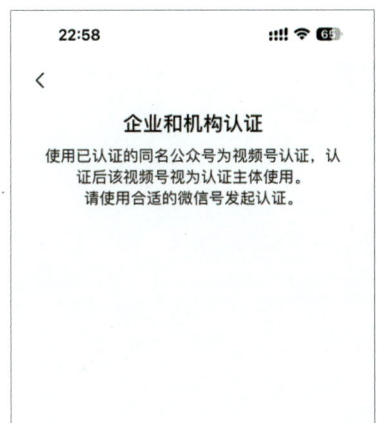

公众号认证示例

方法二：根据提示，来到网页版视频号助手提交材料进行认证。

值得注意的是，当前视频号的企业认证和抖音的企业认证在账号权限方面有着很大的区别。抖音如果想要非账号本人出镜直播，必须进行企业认证，也就是大家常说的抖音蓝v账号。与抖音不同的是，视频号当前并无类似规定，进行个人认证的黄v账号，在视频号账号后台绑定额外运营人员的前提下，是可以非账号本人出镜直播的。当前，视频号的个人认证和企业认证，这里推荐茶行业的从业者进行评茶师、茶艺师等个人认证，因为相比蓝v认证的企业账号，黄v认证的个人账号对于观众来说更有亲切感。

3.1.3 打造个人 IP 的网络名片——主页装修指南

在互联网上打造个人 IP 就好比我们在线下进行社交活动一样，你的举止、穿着都会构成他人对你的第一印象。在短视频平台，账号主页就是用户对你的第一印象。你的主页是个人 IP 的脸面，它应该在第一时间传达出你们的专业性、独特性和茶文化底蕴。这里不仅是一个展示产品的地方，更是讲述品牌故事、分享茶的艺术和文化的空间。

个人 IP 主页的装修可大致分为 3 个部分：名称、头像、简介。

1. 名称

一个优秀的账号名称，能够起到精准反映 IP 特色，易于记忆的作用。与头像及简介比起来，名称更能给观众留下第一印象。

账号的起名，一般遵循 3 个标准：好记忆、好理解、好传播，这里给读者附上茶叶类目常用的 3 个模板。

账号"茶博石"头像个人主页示例

表 3-1

模板	举例
用谐音字展示创意	茶博石
用关键词展示账号标签	顺子说茶、静山茶坊、老章有好茶
数字命名简单好记	老九好茶、老六探茶

2. 头像

选择头像照片时一定要遵循以下原则。

- 文字类头像不超过六个字；
- 真人出镜时用个人高清照片；
- 头像要和名字有关联，保持统一；
- 避免局部或远景人像，不用杂乱场景；
- 避免硬性广告照片；
- 避免使用违法违规图片。

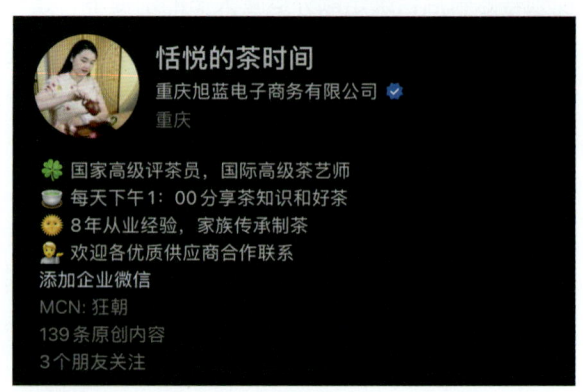

账号"恬悦的茶时间"头像示例

3. 简介

个人简介就好比一份简历，与简历不同的是，你的个人简介面向的是全体微信用户，并从中筛选出对你的账号感兴趣的人。个人简介能够让用户快速了解你的性格、背景、技能等信息，也是展现你的 IP 与众不同的地方。

个人简介一般没有固定模板，可以参照对标账号来写，一般来说，建议包括以下信息：

- 个人特点：如"90 后"创业的国家级评茶师；
- 价值点：如与茶友们分享茶文化；
- 视频更新时间：如每周二、四晚 8 点更新；
- 直播时间：如每周五晚 8 点直播。

个人特点最好不超过 3 个，一方面方便记忆，一方面让主页显得简洁美观。切记，在账号初期尽量不要放联系方式等敏感词，容易降低账号权重。

3.2 内容发布

3.2.1 发布您的第一条视频

到这一步时，我们已经完成了几乎所有的前期准备工作，来到了运营账号最重要的阶段之一，发布第一条视频。视频号拥有两个发布视频的途径，分别是移动端和电脑端。我们先简单了解一下这两个途径的优缺点。

表 3-2

优缺点 途径	优 点	缺 点	适用场景
移动端	方便快捷	无法自定义封面，默认字体不美观	户外
电脑端	功能更加丰富，可以自定义上传封面	没有手机方便快捷，一般只能在室内使用	室内

表格中的内容看似很简单，但无论是移动端还是电脑端，发布视频都是需要一定技巧的，只有做好封面的设计，选择合适的发布时间，才能让视频收获最大的流量，下面我们先详细讲解短视频封面的设计。

一个好的视频封面，对于刷到您的短视频并且点击进入您的个人主页的观众来说，能够增加他们观看您往期视频的欲望。因此，我们可以在视频封面上，展现有价值的信息。以口播类的知识科普视频为例，最常见的封面一般都是"出镜人 + 文案标题"的组合。例如，示例视频内容是科普夏天适合喝的茶类，视频封面就可以截取视频中出镜人说话的一帧图片，文字就可以选择"夏天适合喝什么茶？"如下图所示。

账号"古道白云说茶"视频封面示例

我们在制作短视频的时候，如果能够采用固定形式的封面，可以增强粉丝对我们 IP 的记忆。一个封面杂乱无章的个人主页，不仅无法让用户产生观看往期视频的欲望，也很难让点进主页的用户分辨出该 IP 是哪个赛道的内容创作者。

3.2.2 视频号的发布技巧

● 前五条视频认真发

一般来说，一个新号，无论是抖音、小红书还是视频号，在所发布的前几条视频中，平台都会给到一些流量扶持，让某些视频有机会成为爆款。但是很多人在经营视频号的时候，一开始并没有对自己的 IP 有一个长期的规划，仅仅是当作朋友圈来发，今天发布了与茶有关的内容，明天又发布了与茶无关的内容，这样的做法是不对的，毫无规划的视频是没有机会获得流量扶持成为爆款的。因此，建议把自己的账号当作朋友圈来经营的茶企主理人，重新启动一个认真规划的新号，因为新号冷启动比老号重启要简单得多。

● 规划发布时机

视频号的推流机制与抖音不太一样，一条新发布的视频在 1~2 个小时的流量往往不多。因此，视频发布时间可以不用像抖音那样，卡在上下班人群的早高峰或者晚高峰发布。如果有直播计划，可以选择在直播当天发布短视频，起到为直播间引流的作用，一般在开播前的 3~4 小时发布效果较好。

3.2.3 标签的使用——提高长尾流量

我们都知道，短视频平台的推流机制是去中心化的，也就是说在我们打开程序后，系统会主动推给我们视频来观看，而不是被动地等着我们去搜索，一条短视频流量的很大部分，都来自这种系统推荐的流量。但是，这并不代表搜索流量不重要。我们可以回想一下，每当有一些新闻热点时，我们是否曾主动在短视频平台搜索过这些新闻话题？每当夏天到来的时候，我们是否曾主动搜索过"避暑小窍门"之类的话题？这些都是搜索流量，而在视频标题后面添加适当的标签，就会提高视频被用户主动搜索到的概率。例如，用户如果对绿茶感兴趣，在视频号搜索栏输入"绿茶"的时候，搜索结果就会优先推送视频标签里带有"# 绿茶"的视频。我们发布的一条视频，在发布的数周后依然能够获得一些流量，其原因就是有用户在平台主动去搜索这些话题，带有这些话题标签的视频被推送给了用户，这种在发布数周后所持续获得的搜索流量，也就是短视频领域常说的"长尾流量"。

检索推送示例

那么如何为视频添加标签呢？在发布视频的时候，我们可以在内容描述区添加相应的标签。具体方法为：首先在内容描述区添加视频的简短概括，知识科普类视频一般填写文案标题即可。然后在内容描述后方填写"# 话题"。以"夏天适合喝什么茶？"这条短视频为例，在内容描述区，我们先填写文案的标题"夏天适合喝什么茶？"在这句描述的后方依次添加"# 夏天""# 喝茶""# 茶叶"，添加后的标签如果变为蓝色，即代表添加成功。

与抖音、快手等其他平台不同，视频号对标签的数量没有强制要求，用户可以无限制地为其视频描述添加标签，这里建议读者为视频添加的标签不超过5个，5个标签可以由2~3个宽泛话题加2~3个细分话题构成。

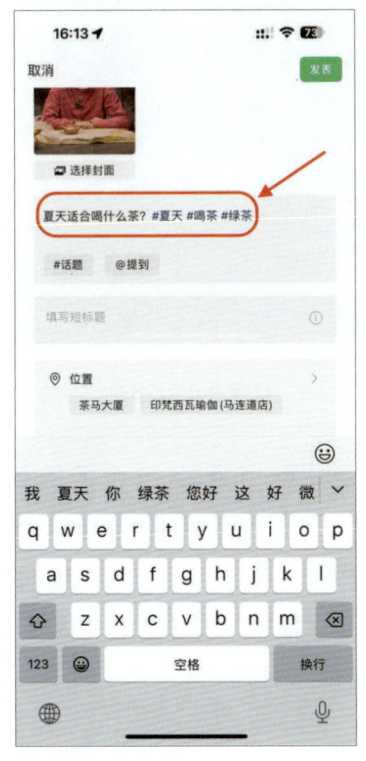

添加标签示例

3.2.4 完成账号冷启动

相信大家多多少少都听说过"起号"这个词，起号指的就是新账号的冷启动，冷启动指一个没有任何粉丝基础的新账号，在发布第一条视频后，经过平台的检验，被平台的算法打上标签的过程。短视频平台之所以能够取代以前的图文平台，很大程度上依靠的是优秀的算法机制。一方面，平台会根据用户平时观看短视频的行为，为用户在后台打上标签，有了标签的用户，平台会优先推送符合标签的视频内容，这就是为什么对茶叶感兴趣的一个用户，平台会主动推送给他更多与茶叶相关的视频内容。另一方面，平台会根据创作者输出的内容，为创作者在后台打上标签，如果一个创作者持续输出与茶叶相关的内容，这位创作者所创作的后续视频都会被优先推送给对茶叶内容感兴趣的用户。因此你的账号如果成功地被系统打上了正确的标签，后续创作的视频都能够获得一些不错的基础流量。

平台为你的账号打标签的行为是算法控制的，并不是人工的行为。那我们该如何判断自己的账号被打上了标签，并且度过了冷启动呢？当我们从发布自己的第一条视频开始，就要有计划地去运营账号。一般来说，我们要做到提前储备10~15条的视频，在前期要保持天天或者隔天发布一条的频率。直到我们出现第一条爆款视频，也就是一条视频的播放量是其他视频的十倍甚至几十倍的时候，就可以确保我们的视频，在后台经过系统的大量推送，已经有足够的人群来给它们打标签了。在获得第一条爆款视频后，我们要确保之后发布的视频风格，无论是内容、画面、字母、标题、封面等元素都要做到与这条爆款视频相似，这样在初期就能给用户一种高质量的观看体验和印象。

3.3 数据复盘

俗话说得好，实践是检验真理的唯一标准，在我们度过了冷启动阶段，发布了一周左右的视频后，已经拥有了初步的实践，接下来需要检验我们的实践方法是否正确。我们需要针对视频的流量数据进行分析总结。这么做，是为了我们能够在今后的创作中继续放大成功的因素，剔除掉失败的因素。

3.3.1 如何利用数据复盘——看懂数据

要想了解视频的数据，就必须进入后台的"创作者中心"。具体方法为：打开微信，进入视频号，点击进入视频号，点击右上角头像图标，进入页面找到创作者中心。

点击短视频的数据栏后，可以看到具体的数据。默认界面是数据概况，我们需要对单独的视频进行数据分析，因此我们要点击"单篇数据"，然后选择我们想要了解的那期视频。

通常来讲，短视频的数据可大致分为"播放数据"和"互动数据"，其中播放数据包括播放量、完播率、平均播放时长、3秒以上完播率，互动数据包括收藏量、点赞量、评论量、关注量和转发量。这里需要澄清一个误区，一个IP的变现能力与它的粉丝量其实并没有直接关系。另外，视频号的官方流量扶持力度以及日活跃用户数都不及抖音，单纯从涨粉的维度来看并不能反映真实情况，对于运营账号的企业负责人来说，不要在初期过度地去关注粉丝数，以免产生不必要的焦虑。我们并不需要像其他赛道的达人一样需要接商家的商单来变现，我们的优势在于拥有现成的产品和服务，因此我们只需要关注并改善视频的播放数据即可。

● 播放数据

完播率。完播率是对视频质量评价的重要指标，是很多平台系统判断视频质量是否能进入到更高一

创作者中心示例

级流量池最优先考虑的数据。因此，如果完播率较低，视频的播放量也会较低。

3秒完播率。3秒完播率能够反映有多少用户在看了你的视频开头后依然坚持观看，也就是视频开头的留人能力。完播率和3秒完播率低，证明我们的视频内容不够吸引人。要想提升完播率，我们可以采用减少视频长度、压缩视频的信息密度、提升视频开头吸引力等方法。

平均播放时长。一般来说，平均播放时长越长，完播率就越高。视频的时长一般和平均播放时长成正比，但是和完播率成反比。因此，建议以减少视频时长，压缩视频信息密度为优化视频数据的主要方法。

视频号的后台数据很直观，会主动告诉你哪项数据指标需要优化，按照建议改善即可。

● 互动数据

评论量。对于中小茶企的业主来说，我们只需要关注评论区的评论即可。我们需要重点关注用户的提问和用户对产品的需求这两种评论。比如，我们做了一期泡茶知识的视频，可能就会有

"夏天适合喝什么茶？"
发布2天后的后台数据

用户在评论区询问别的茶类该如何冲泡，这时候就需要我们耐心为他解答，这么做可以增加账号的亲和力，甚至在初期就能够收获具有黏性的粉丝。又比如，我们拍摄了一期去茶山或者源头产地采茶收茶的视频，就会有喜欢喝茶的用户在评论区咨询哪里能买到视频中展示的茶叶，这时候生意机会就来了，我们需要及时回复用户的需求，引导用户在我们这里产生购买行为。

3.3.2 了解短视频推流机制——优化选题

我们在上个小节里已经探讨过，完播率永远是影响流量的最重要的因素。其实高完播率的本质是选题足够吸引人，开头黄金3秒这些其实起到的都是锦上添花的作用。这里的"吸引人"一定是能够吸引数量足够多的人，茶叶相关的知识其实是受众比较狭窄的类目，要想茶叶类的选题能够吸引到足够多的人，选题就必须做到能够吸引原本对茶叶不感兴趣的人来观看，也就是我们常说的"破圈"。其实要做到破圈并不难，老百姓最感兴趣的无非就是柴米油盐酱醋茶这类话题，具体到某种茶的加工工艺、制作技术，其实是没有几个人感兴趣的。以下是笔者经过实践后，总结出来的几大热门选题范围，在这些范围内的选题，流量都不会太差。

- 养生类，如茶多酚、茶氨酸的功效；
- 健康类，如肠胃不好适合喝哪些茶；
- 冷知识类，如四大红茶都是哪几个；
- 避坑类，如某某茶为什么是智商税；
- 视觉强化类，如出镜人为高颜值主播或者拍摄的茶空间非常精美。

3.3.3 创作者中心详解

视频号的创作者中心，就好比一个控制台，集成了数量众多且又实用的强大功能，无论是对平台基础功能的学习，还是进阶的付费流量介入，这些服务都可以直接从创作者中心获取，以下是创作者中心的一些实用功能简要介绍。

- 数据概览

创作者中心功能栏的第一项就是"数据概览"，里面分为"视频数据"和"直播数据"两个部分。视频数据在 3.3.1 中已经详细讲解过了，直播的数据分析在后文会有详细的讲解，这里我们先了解一下直播数据的入口在哪里。

- 广告收入

视频号的创作者是可以赚取第三方的广告分成的，视频号会在创作者发布的视频评论区插入第三方公司的广告，如果刷到你的视频的用户点击了广告，平台会给你少量的佣金。先别急着开心，这部分的收益其实非常少，根据笔者的经验，一个账号运营半年能有几十元钱就很不错了。收益虽然少，但终归是你的权利，能开通的话还是开通。

具体操作方法为，在发布视频的时候点击最下方的"声明原创"，在弹出的窗口中点击"选择类型"，如果是知识科普的视频就选择"知识"，最后点选绿勾和"声明原创"就大功告成了。

数据概览界面示例

广告收入界面示例

视频发布时声明原创的步骤

来到创作者中心的页面，找到"广告收入"，即可看到获得的创作收益，点击"更多"即可提现。

在"创作者中心"点击"更多"

● 官方课堂

初来乍到，在我们对视频号一无所知的时候，可以来到创作者中心的首页，向下划到底，找到"热门课程"，里面有数量众多的官方课程，如果提前进行观看学习，能帮助我们解答很多问题。

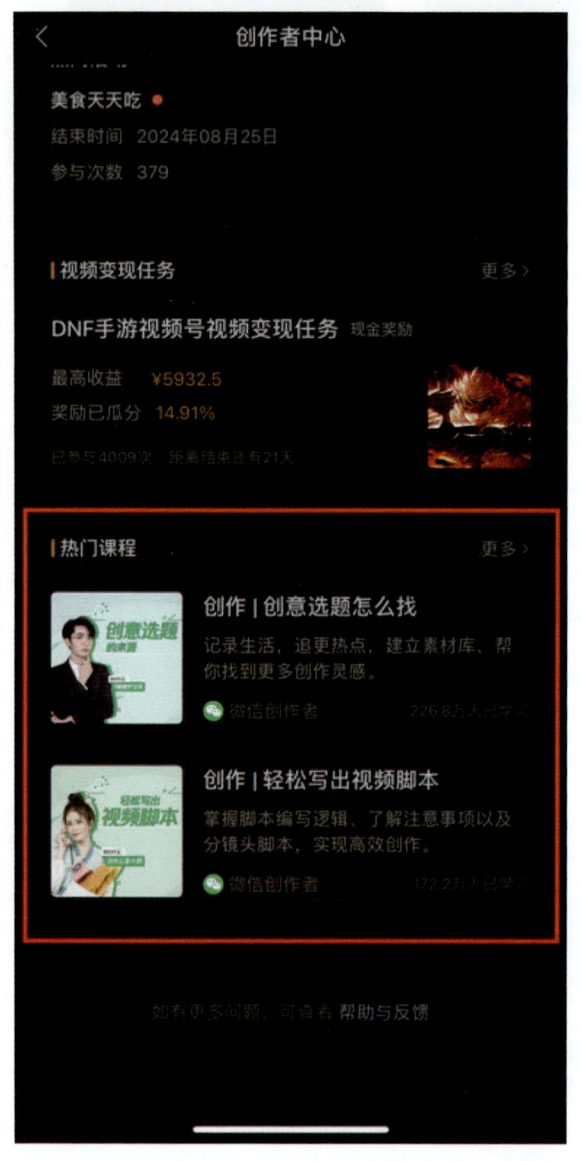

热门课程路径示例

- 官方客服

当你的账号出现了一些问题，比如出现限流、警告等情况，而你又不清楚该如何解决，这时候就需要主动与视频号的官方客服沟通。与抖音、小红书等平台相比，视频号官方客服的入口比较隐蔽，这里需要先点击"创作者服务"中的"账号诊断"。来到账号诊断页面后，点击上方切换到"直播"，然后点击"客服咨询"，我们就能与官方的人工客服沟通了。

官方客服入口操作示意图

● 加热工具

加热工具也就是常说的付费流量，通常来讲，我们在以下情况需要介入一定的付费流量，来触达到更多的用户。

1. 某条视频流量数据非常好，有成为爆款的潜质。
2. 发布商品种草视频，向用户推广我们的产品或者服务。
3. 直播间流量未达预期，想拉高在线人数。

当前，视频号的加热工具远不如抖音那么复杂，无论是短视频加热的内容流量，还是直播间卖货的商业流量，都共用同一个加热工具。具体需要先点击"创作者服务"中的"加热工具"，来到加热工具页面后，点击"微信豆"即可充值。微信豆是视频号付费流量所使用的一种虚拟货币，当前这一功能不支持绑定银行卡，须用现金充值，充值后的微信豆，既可以加热短视频也可以加热直播间。这里建议读者们采用网页版的加热工具来购买付费流量，因为网页版的加热工具功能更多，界面也更直观一些，这部分内容在本书的后续章节中会有更详细的指导。

加热工具及微信界面示例

第四部分：
微信小店

如果您一直在跟着本书的步骤走，并且完成了第一部分至第三部分的所有操作，那么恭喜您，您的行动力已经胜过大部分人了。从本部分开始，所讲的内容将会与茶叶类目账号的变现直接相关，且实操性更强，请一定要做好笔记并在遇到困难的时候反复阅读。

4.1 微信小店的开设

简单来说，微信小店就是您 IP 的专属网店，与抖音的抖音小店类似，您可以在微信小店上传所有符合您的经营资质的产品，既可以是茶叶这类实物产品，也可以是茶文化课程培训之类的虚拟产品。您的茶叶店或者茶空间是您在线下的门面，而微信小店就是您在网络空间的门面，拥有一家门面是做一切生意的基础，因此微信小店非常重要，请务必在达到准入门槛的情况下就立即入驻。

4.1.1 微信小店的准入标准

当前微信小店仅支持企业以及个体工商户开通，因此，我们要准备企业的营业执照扫描件、法人身份证扫描件、100 元的橱窗开通权限、10000 元的保证金（茶叶类目）。微信小店对账号的粉丝量没有要求，零粉丝也能开店。2024 年 8 月改革后，视频号小店正式更名为微信小店，基础功能没有变化，但是降低了准入门槛。商家只需要一个经过实名认证的微信号即可开店，但是一个视频号只能关联一家微信小店，因此请开店前做好企业的线上规划。

 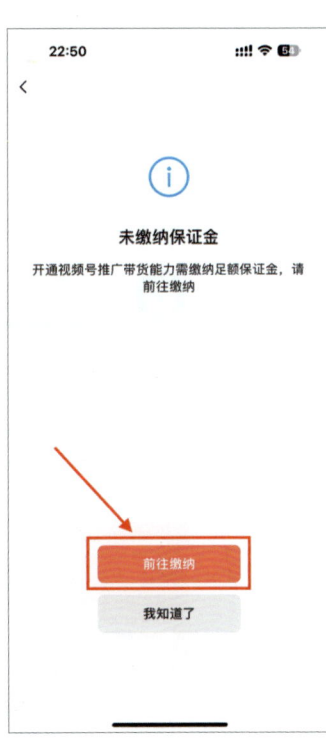

缴纳保证金，开通账号的带货权限

037

4.1.2 店铺开设步骤

在公众号中搜寻并关注"微信小店助手",即可按照官方的指导进行开店。也可以在电脑端网页上浏览,百度搜索"微信",找到官方链接并点击进入。具体的开设流程可以去参考官方的在线文档,上面有详细的文字和图片说明。值得注意的是,在视频号小店被更名为微信小店后,官方目前还没有针对微信小店更新注册教程,但因为功能变化不大,参照原视频号小店的注册教程即可完成新店铺的注册。

(1)微信公众号查找官方教程的方法

(2)电脑端百度搜索"微信",点击官方网址,然后下拉找到"微信小店"

(3)点击"开店指引"

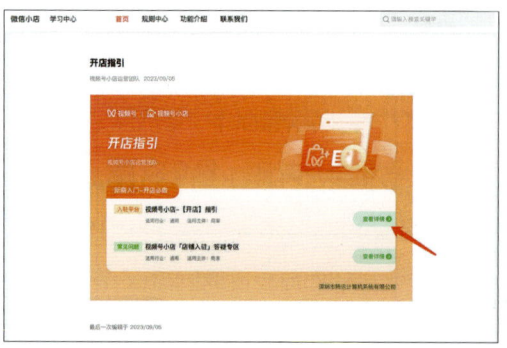

(4)点击"查看详情"

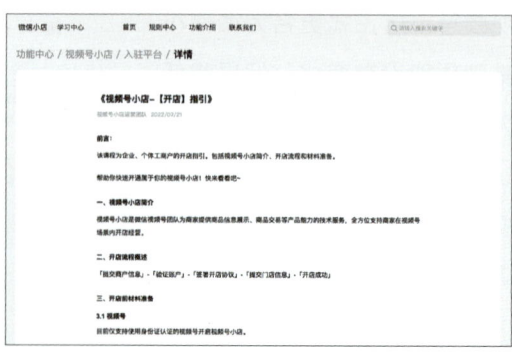

(5)参照官方文档完成开店

这里有一点需要注意，注册小店的时候需要绑定一名店铺的超级管理员，超级管理员可接收日常重要的管理信息和进行资金操作，属于店铺的实际经营人。在开通微信小店后，当前用于实名认证的微信号，将默认成为小店的超级管理员，拥有相应的小店管理权限。如需邀请多人共同管理店铺，超级管理员可以在小店后台"店铺管理—成员管理—小店岗位"添加岗位，并设置相应的岗位权限。

另外，也就是带货身份的选择，这个是重中之重，一定要选择"商家身份"而不是"达人身份"，只有选择商家身份，才能使用优惠券、限时购等电商营销工具，有且只有商家身份才能让自己店铺的产品入驻优选联盟，拥有让视频号上的达人分销自己店铺产品的能力。优选联盟的使用方法会在 4.2.3 中讲解到，大家可以自行阅读官方文档，如右图所示，在左上角搜索"视频号账号带货体系"，点击搜索结果里的链接，即可进行查看。

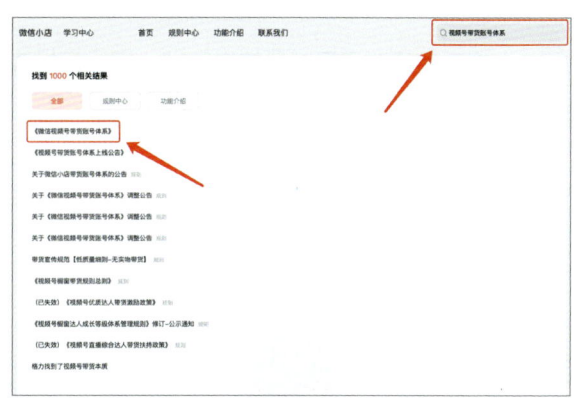

官网搜索视频号带货账号体系

4.1.3 客服开通方法

在线客服是网店必不可少的一部分，有购买意向的买家经常会在购买前询问有关商品的问题，店铺如果没有客服，就会因为无法及时回复买家的问题而丧失潜在的客户。

因为都是腾讯旗下的产品，微信小店的客服需要绑定企业的企业微信，如果您的企业已经开通过企业微信，可直接进行绑定，如果没有企业微信，那么在开通客服界面有注册企业微信的选项，详细步骤可以参考官方文档。

值得注意的是，包括视频号在内的各类网店，都会考核商家的服务体验分，其中客服的回复效率在考核中的占比很大，因此请开通成功后务必在公司内部配置负责人工客服的人员。在开通微信小店后务必立即去阅读官方关于小店的评分说明文档。

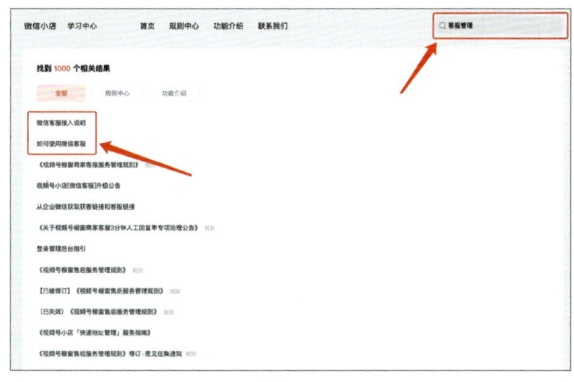

官方网页搜索"客服管理"

官方网页搜索"橱窗评分"

4.2 店铺运营

在经营自己的线下门店的时候，是不是也要开展店铺的装修、产品的进货上架、为进店的顾客介绍产品等一系列工作？因为只有这样，才能把产品推销出去，在网络上经营店铺也是相同的道理，接下来笔者会带领读者了解一下经营微信小店的基础操作。

4.2.1 上传第一件产品

上传产品建议用视频号的电脑端，因为用键盘鼠标上传产品图片、填写产品信息更加便捷。百度搜索"微信小店"并扫码登录。

（1）扫码登录

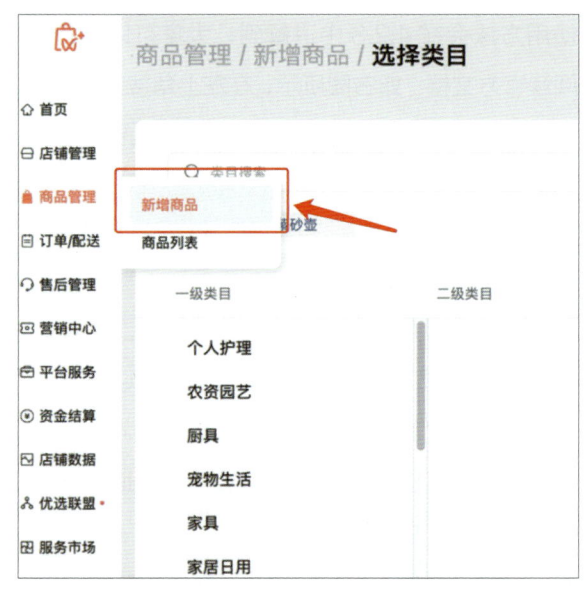

（2）选择"新增商品"

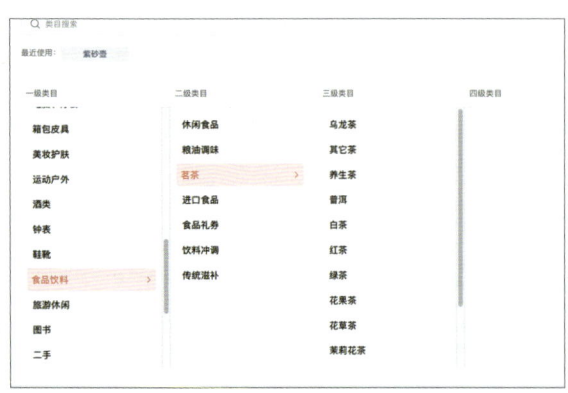

（3）"茗茶"别选

（4）输入参数

在空白栏内依次输入产品的信息,如名称、净含量等,以茶叶类目为例,商品参数中的品牌、包装方式、产地、茶种类、净含量等这些信息为必填项,与抖音不同的是,微信小店不强制要求上传食品生产许可证的扫描件。

微信小店与京东、天猫等传统货柜电商不一样,对商品的图片没有很高的要求,不需要做精修、3D建模等费时又费力的工作,只需保证拍摄的产品图片足够清晰、突出主体即可。一个完整的原叶茶商品的图片一般由干茶、茶汤、茶底的图片组成。需要注意的是,微信小店会对农产品类目强制要求拍摄并上传产品的标识标签。商品外包装的标识标签必须同时出现在主图和详情图中,具体可以参考下图。

上传商品图片

对于茶叶类目的商品,在条件允许的情况下,一定要送上一泡免费的茶样,用来让用户试喝。一方面,茶叶本身属于高客单价产品,而且是注重口感风味的产品,新用户在不清楚商品质量的情况下,下单前会有很多顾虑,从而影响成交。另一方面,用户如果喝了试喝装不喜欢,可以在不拆开商品本体的情况下寄回,不会对我们产品本体的二次销售造成影响。无论是贩卖茶叶还是别的商品,做生意要有可持续性的思维,而不是一锤子买卖,建立用户的长期信任至关重要。如果用户对我们的产品感到满意,就会建立对我们的信任,从而在未来产生复购行为。因此,对于在微信小店做生意的茶叶企业主来说,可以将卖茶叶送出的那一泡试喝装当作一个小额的获客成本。

4.2.2 了解营销工具

仅仅开通了微信小店,并不能够为我们带来顾客,就好比传统的线下生意也需要销售人员去跑客户、发传单一样,只有主动出击,才能带来客人。推广微信小店产品的主要方法如下。

● 短视频挂车

顾名思义,就是在我们发布的短视频下方添加商品链接,需要在发布视频的时候手动添加,以移动端为例,在视频发布页面点击"链接或商品",然后选择"商品",即可添加我们想要推广的微信小店产品。需要注意的是,与抖音不一样,视频号在短视频发布成功后无法再为该视频添加商品链接,因此,如果想要短视频挂车,必须在视频发布的页面就做好决定。

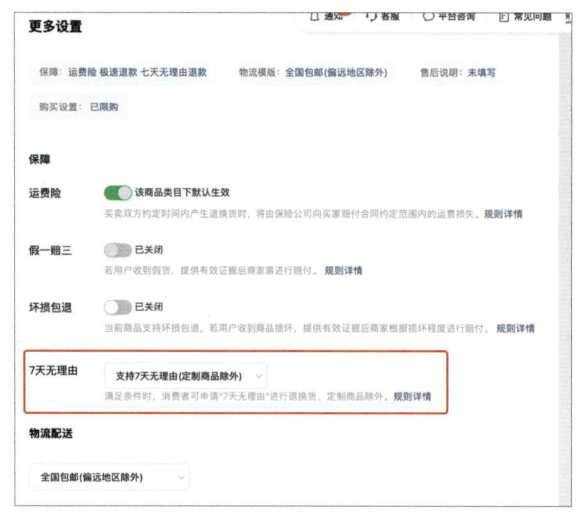
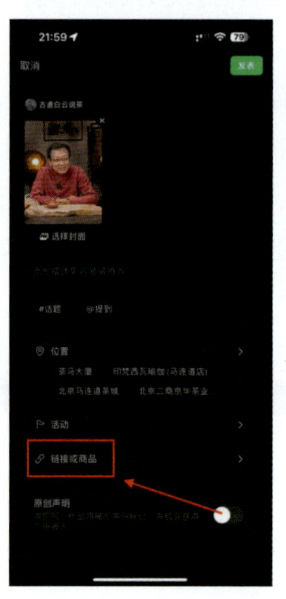

送一泡试喝装的同时选择"支持7天无理由（定制商品除外）"

短视频挂商品链接示意

- 评论区引导

前文讲解的短视频挂车，其实是推广商品最简单的一种方法，但是这种方法也有很大的缺陷。我们平时在发布短视频的时候，一条视频流量的好坏，往往来自视频的完播率，因为视频号需要与抖音等短视频平台竞争用户，视频完播率高说明我们能够留住用户，为平台带来价值，平台会继续为我们的视频推送更多的流量。但是，当短视频挂车后，考核维度就变成了商业流量，也就是说，平台会考核产品的销量，挂车的产品通过这条视频产生的销量越多，平台就会给这条视频推送更多的流量，反之亦然。但是，很多做传统线下生意的企业，其产品无论是定价还是包装，可能都不太适合电商平台的用户群体，从而导致产品的下单率很低，因此挂车的视频往往流量很差。从零打造电商的产品线费时又费力，成本也会非常高。这里其实有一个讨巧的办法，就是以不挂车的形式正常发布短视频，待视频发布后，在评论区发布推广商品的引流话术，把潜在的客户引导至微信小店下单，采用这种方法一定要在评论区置顶该评论。

- 直播挂车

除了在短视频下方挂商品链接，我们在直播时也可以挂商品链接，但要注意，无论是短视频还是直播，只要我们添加了商品链接，流量考核机制就会变成商业流量的考核机制，如果产品因为定价、包装、分量等因素不到位，导致下单率很低，那么会在极大程度上影响直播间的自然流量，甚至会导致直播间在线人数掉到个位数。因此打算做直播带货的话，一定要在做好万全的准备后再添加商品链接。在直播间添加商品的操作方法：以网页端为例，扫码登录视频号助手，然后找到"直播"，点击"直播商品管理"，再点击页面右方的"添加商品"，即可从跳出的列表中选择我们橱窗中的商品。有关直播的内容在后续章节中会做详细讲解。

（1）扫码登录

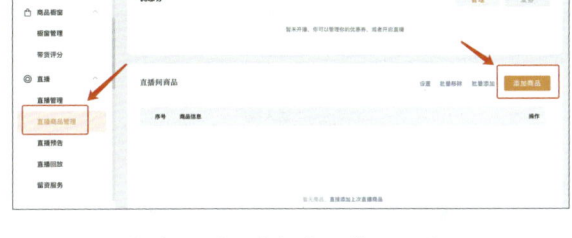

（2）找到"直播商品管理"界面

4.2.3 进驻优选联盟

当我们成功经营微信小店一段时间后，就可以拥有不需要给短视频、直播间挂商品链接也能卖出产品的能力。我们可以将微信小店的商品上传至优选联盟，让从事直播带货的达人们为我们分销，提前设置好佣金分成即可。在视频号小店更名为微信小店后，这一门槛已经被大幅降低，具体入驻条件可以搜索并参考官方文档。

（3）选择要添加的商品

官方网页搜索"优选联盟"

主要条件有三个：

（1）视频号小店处于正常经营状态。

（2）商家需完成运费险签约。

（3）商家的视频号店铺评分≥4.2。

如果你的微信小店是新注册的，还没有店铺评分，需要同时满足上述的条件（1）和（2）。

满足入驻条件之后，虽然能够在优选联盟上推广自己的产品，但是因为新店铺的产品往往没有什么销量，所以产品会处于观察期，如示例图（1）所示有一些限制。

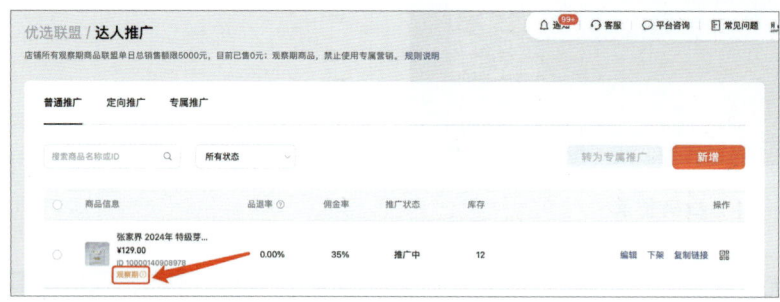

示例图（1）

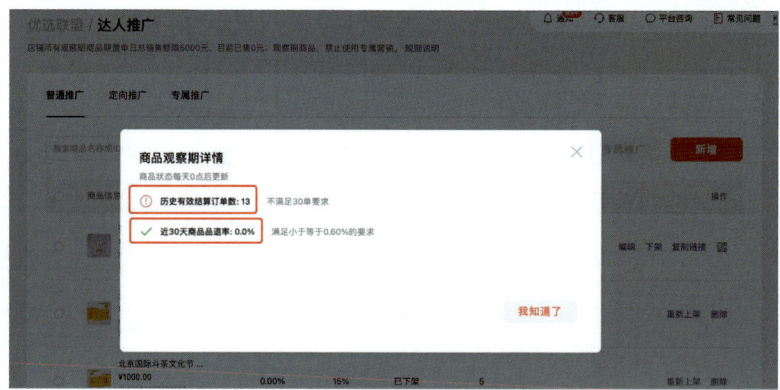

示例图（2）

示例图（2）因为历史有效结算订单数<30单，因此商品处于观察期。

根据官方说明，每个店铺内处于联盟观察期的所有商品单日总销售额上限为 5000 元。因此，如果想赚取更多的利润，就要想办法摆脱这个限制，接下来笔者会讲解如何在短时间内满足观察期要求的这两项条件。

"商品单日总销售额上限"页面

点击"运费险"

首先是满足"历史有效结算订单 ≥ 30"。这里的 30 单指的是订单量并不是销售量，一个订单可能会包含多件商品，视频号系统后台也会利用 AI 对"刷单"行为进行侦测，一些被系统判定为刷单的订单，是无法被记入 30 单的有效订单量之内的。因此在初期，读者要尽可能地引导自己的老客户、亲朋好友到自己的微信小店购买产品，几周的时间就能达到 30 单的要求。

"近 30 天商品品退率 ≤ 0.06%"这项要求其实可以忽略不计，因为如果是找老客户和亲朋好友购买的话，他们在确认收货后主动给出好评即可轻松满足这项要求。

这里再教给大家一个可以在日后提高店铺销量的实用工具——运费险。以网页端为例，登录微信小店，找到"平台服务"，选择"运费险"，即可签约开通。

运费险是电商平台最常用工具之一，目的是打消顾客下单时的顾虑。它是指如果用户收到商品不满意想退货，将由第三方保险公司赔付客户的快递费用。代价是每一单成交，都会从卖家的资金那里抽走少量的保险费。听起来似乎成本有些高，但其实笔者建议大家都开通这个功能：一方面，茶叶本身就是客单价偏高的产品，利润空间也充足；另一方面，运费险的收费比例与卖家产品的退货率成正比，和产品的价格没有关系。也就是说，如果商家的产品质量好，用户是不会轻易产生退货行为的，因此运费险的成本也就很低。这里给大家展示一下笔者运营的店铺，其运费险的收费情况。这个店铺目前退货单数不到 5 单，因此运费险每单只扣除 0.13 元。

完成上述所有的前期准备工作后，我们就可以将商品上传至优选联盟了。还是以电脑端的微信小店为例，登录自己的账号后，找到"优选联盟"，点击"达人推广"，然后点击"新增"，就可以上传我们的产品了。需要注意的是，在设置佣金的时候一定要计算好利润，这个百分比是商品成交后，推广产品的达人所拿走的比例。打个比方，我有一件标价 100 元的白茶，"茶叶采购＋包装＋运费"的成本是 50 元，所以在设置佣金的时候最多不能超过 50%，要不就亏本了。这也在侧面反映了电商行业对商家在控制成本方面的考验，电商做得好的企业，往往都是在本行业中供应链做得好的。

优选联盟对标的其实就是抖音的精选联盟。打个比方，优选联盟就是一个大池塘，所有符合入驻条件的卖家都可以往这个池塘里输送自己的产品，只要提前设置好佣金，也就是达人带货的分成，就可以让素未谋面的达人去推广我们的产品了，且毫无资金层面的风险。

运费险成本示例

"达人推广"界面示例

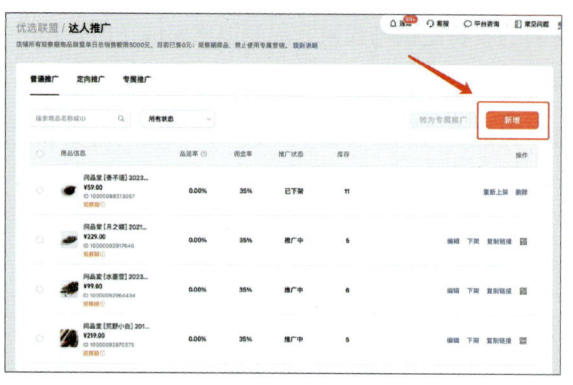
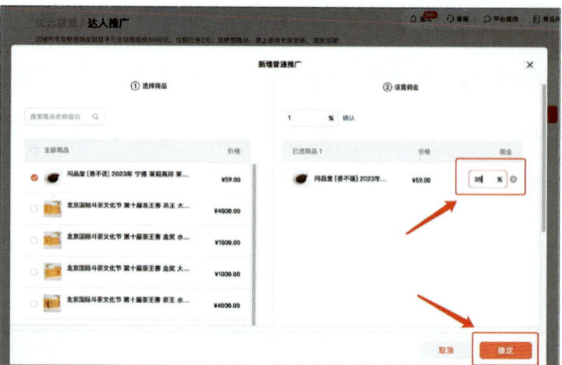

填写佣金的比例后点击右下角的"确定"即可

4.2.4 资金结算

如果在其他平台开展过电商生意，就一定了解资金回笼周期的重要性，因为只有将资金提现到银行账户里，才是实打实的利润。电商平台的资金回笼周期是指从消费者下单支付到商家收到货款的时间间隔。以微信小店为例，通常可以分为以下几个阶段。

1. 订单生成与支付。用户在微信小店选择商品并完成支付。

2. 订单处理与发货。商家收到订单后，进行订单处理和发货。这个过程的时间长短取决于商家的处理效率和物流速度。

3. 确认收货。消费者在收到商品后确认收货。如果消费者未在规定时间内主动确认收货，系统会自动确认，微信小店的自动确认收货周期是自商家点击发货起10天后，具体规则可以参考后文官方说明的截图。

4. 资金结算。根据商家与平台之间的协议，将货款结算给商家。这个过程通常会有一定的结算周期，微信小店的时间是自商品确认收货之日起7天内（含7天）。除此之外，资金还有1~2天的解冻周期。

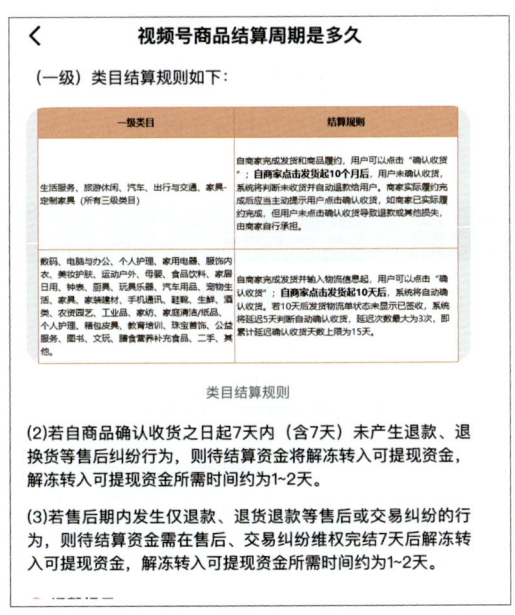

官方文件说明示意

根据笔者在微信小店的经营经验，大多数的用户一般都不会主动点击确认收货。因此，我们参照官方说明的截图，可以得出微信小店的默认资金结算周期为自后台发货起18~19天。如果用户发起了售后或者退款，则需要在18~19天的基础上加上处理售后的天数。

当我们耐心等待结算周期完毕后，就可以将微信小店的资金提现到银行账户里了。我们需要先绑定用于提现的银行账户，还是以网页端的微信小店为例，找到"资金结算"，然后点击"账户资产"。如果是第一次点击这个选项，没绑定银行账户的话，系统会自动提示绑定银行账户。

"提现"操作示例

"提现账户信息"界面示例

银行账户绑定完成后点击"去提现",然后输入要提现的金额或者直接点击"全部提现"(一次性将账户的所有可提现资金全部提取出)。提现的金额会在 24 小时内到账。

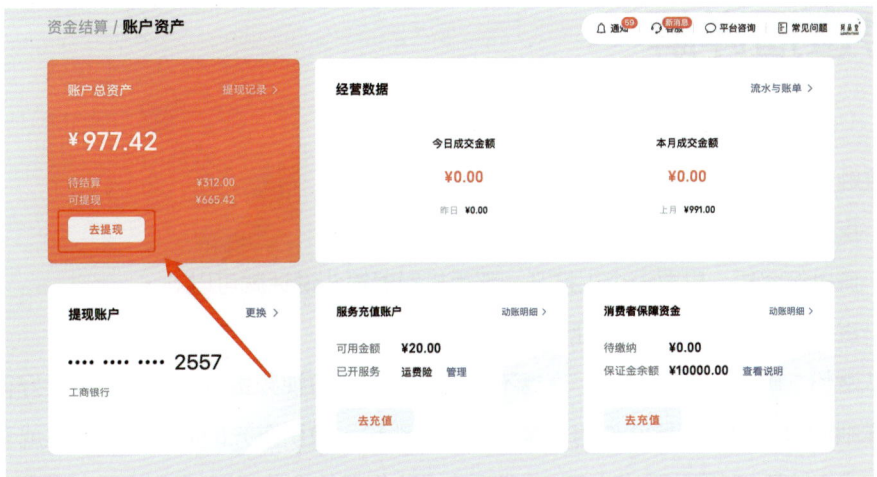

"提现"界面示例

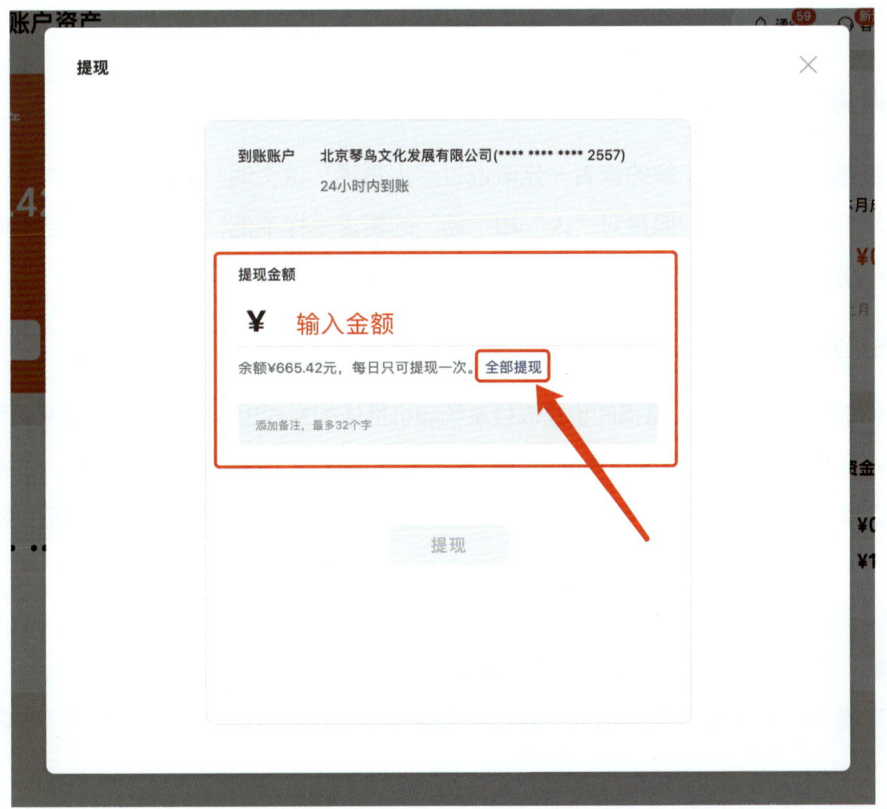

"全部提现"界面示例

第五部分：
视频号直播详解

很多没接触过直播的朋友可能会对直播有一些认识误区。

误区一：直播只能带货。

误区二：直播很容易，只要一个人打开一部手机对着镜头说话就可以。

误区三：直播在 IP 和人设的营造上没有短视频重要。

其实，从涨粉、曝光的维度来讲，直播不仅比拍摄制作短视频更容易，且效果要好得多。本书在这个部分会详细讲解如何将直播间作为流量入口，在涨粉、吸引曝光的同时，间接达成变现。此方法最大的优势为成本较低，对团队要求也低，非常适合中小规模的企业尝试。传统的电商直播间（挂商品），对团队人数要求高、运营成本高（"付费投流 + 开设电商产品线"），从时间、精力、财力的角度来讲，和重新创业几乎没有区别，因此不在本书的讨论范围内。

5.1 茶叶直播间场景打造

相信对直播带货有一些了解的读者一定听说过"人货场"这个词，知识分享、才艺分享类的非电商直播间虽然不涉及"货"，但是对"人"和"场"的要求一样不低，接下来笔者会详细讲解适合传统茶叶 / 茶艺的直播间的场景打造。

5.1.1 布景方案

和短视频的推送机制一样，直播间也是以被系统随机推送的方式出现在用户的视频号界面的，因此，好的场景能够保证用户在刷到你的直播间时不但不会划走，还会点进直播间观看直播。直播间一定要与你的人设、直播主题高度匹配，不能让用户产生违和感。适合传统茶叶 / 茶艺的直播间的场景主要有以下三种。

● 茶室 / 茶空间

适用对象：茶叶店经营者、茶馆经营者、茶文化培训师。

优点：环境 100% 可控，配置相机、灯光、电脑等设备较为方便，是实现用相机高清直播的最简单的方法。

缺点：对物理空间要求较高，最好不小于 20 平方米；对装饰物要求较高，可能会需要植物、屏风、挂画、瓷器、茶柜等中式元素。

此类场景因为具有极高的可自定义性，所以没有标准答案，大家可多去参考同行的直播间。最大的难点在于背景的打造，因为人物在画面中的占比为 1/2 左右，所以我们只能在剩余的 1/2 空间中去摆放背景道具。这里请各位遵循一个原则：先做减法，再做加法。如果无法确定背景空间要放置哪些景物，先把背景中的元素清空，让人物坐在中央，然后由另一名员工进行景物的添加即可。要想保证背景有足够的空间放置背景道具，就要确保房间的纵深满足基本需求，人物离背后的墙面越远，背景可容纳的道具数量就越多。请保证坐在中央的人物与背后的墙面要间隔至少 3~4 米的空间，不要让人物贴着墙面。

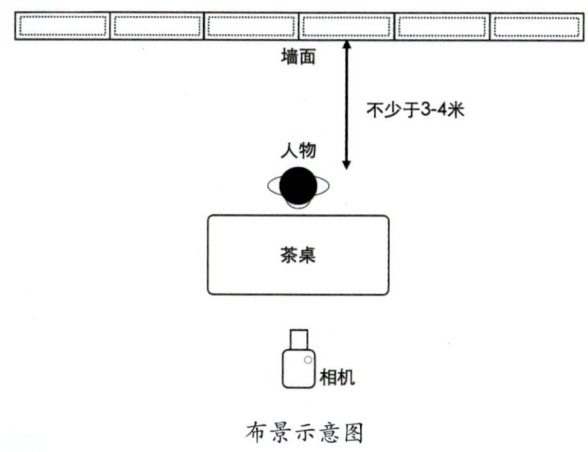

布景示意图

切记，背景中出现的元素数量不宜过多，否则会显得场景很杂乱，如果拿不准的话，请控制在 3 个以内。一个比较优秀的茶室 / 茶空间直播间场景可以参考下方截图。

背景示例截图

● 茶园（户外）

适用对象：茶叶原产地经营者。

优点：自然风光最具视觉美感，比人为搭建的空间更能吸引人，能同时间接说明账号主人的身份。

缺点：有空间要求，账号运营团队必须住在茶叶原产地；有时间要求，一般适用于春天和夏天茶树被采摘前。

如果背景就是一亩一亩的茶园，视觉冲击力会远高于人工搭建的茶空间。最重要的是，茶园背景就能间接告诉观众这是一个茶人账号，加强观众对账号的信任度。此类场景由于是室外，所以架设相机、灯等室内空间使用的设备难度较高。如果您的条件不允许，直接使用视频功能强大的手机直播亦可。一定要在白天，选择明亮的地方直播，确保画面光线充足。

● 茶仓

适用对象：茶叶原产地经营者，通常只会出现在挂车卖商品的直播间。

优点：可间接强调自己的货源实力。

缺点：对空间有要求，账号运营团队必须拥有茶仓的使用权，且对直播团队人员数量要求较多。仓库场景一般只用于挂车卖商品的直播间，不适合知识分享、视觉分享类的直播间。

该类直播间常见于纯电商直播间，抖音卖茶叶的直播间也比较常见。仓播所需的人员数量、运作成本都过高，不建议中小商家去尝试，因此这里不作过多阐述。

茶园直播示例

茶仓直播示例

5.1.2 布光方案

相信喜欢影视作品，并且了解一些影视行业幕后花絮的读者朋友们，一定知道灯光的重要性。茶室/茶空间、茶园（户外）、茶仓，这三者的布光基础思路都是共通的，对于茶园和茶仓来说，架设 LED 灯的难度和成本都会大一些，因此这两种场地做到人物主体清晰明亮即可。本书在第二部分 2.5 中详细讲解了室内空间 LED 灯的灯位图，如果直播间是茶室/茶空间，参照第二部分 2.5 的灯位图即可。下面主要详细讲解灯光的亮度、色温等更进一步的参数设置。

- 主光（关键灯）

生活中，色温 5300K 左右为纯白色的光，因此我们可以将主光的色温设置为 5300K，以正确还原出人物的色彩。灯光强度（亮度）则取决于灯光距离人物的远近，保证人物面部明亮即可。

- 辅光（补光）

与主光一样，色温设置为 5300K，亮度需要比主光低一些，大概为主光强度的 70%~80%。

- 背景光（背光）

茶室/茶空间为主的古风直播间都是暖色调的直播间，因此色温最好设置在 4000~4500K 之间。灯光亮度一定要低于主光，做到人物的亮度与背景的亮度分离，突出画面的层次感，亮度设置为主光强度的 30%~50% 即可。

- 点缀光

最后，我们可以在背景中添加台灯、蜡烛等发光元素，点缀整体灯光氛围。点缀光一般为暖色温、低亮度的点光源。

主光

辅光

背景光

5.2 直播工具采购与设置

根据自己的预算、使用场景，选购正确的设备，不仅能让直播间在单位时间内的产出最大化，还能节省不必要的开支，甚至能够带来数年之久的持续产出。

5.2.1 相机直播还是手机直播？

在第二部分 2.5 中，详细列举并对比了手机拍摄视频和相机拍摄视频的特点，这些也同样适用于直播工具的选择参考。简单来说，如果您的直播场景长期固定，比如一年中有三分之二的时间都会在茶室/茶空间，或者是家门口的茶园直播，则优先选择"相机推流+LED 灯布光"的方案。如果您的直播场景不固定，比如这周在茶仓，下一周去外省的茶园，户外的情况较多，则优先选择手机直播。采用户外手机直播，选择光线充足的场景和时间段即可，LED 灯视具体需求再决定是否配备。由于相机直播对设备的种类和数量需求较多，因此本书接下来将着重讲解用相机推流的高清直播间搭建。

5.2.2 直播硬件采购清单

这里为读者们列举了一些笔者在 2023 年 8 月左右，在电商平台观察到的一些硬件产品的型号，强烈建议对数码产品了解不多的读者，一定要优先选择大品牌的产品，大品牌的产品在品控和售后方面相对有保障的。

- 电脑

选择不低于 3060 显卡，16G 内存配置的笔记本电脑。

来源：拼多多，参考日期：2023 年 8 月 23 日

- 24 英寸显示屏

显示屏不低于 24 英寸，价位低一些亦可。

- 提词器套装

如果主播有提词需求，可以一步到位入手提词器双屏套装，双屏套装自带一块返送屏幕。屏幕越大，文字越清晰，在提词器的选购上可适当加大投入。

来源：拼多多，参考日期：2023 年 8 月 23 日

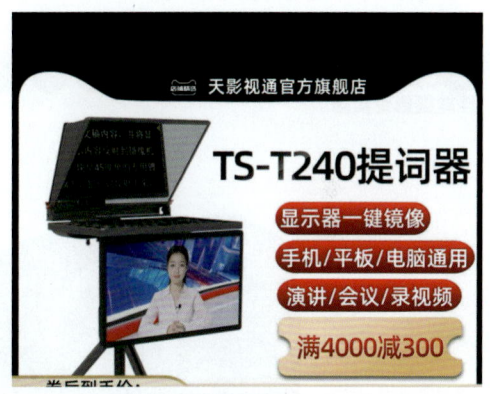

来源：天猫，参考日期：2024 年 6 月 6 日

- 宽带

上行速度不低于 50Mbps，低于这个速度需要找运营商申请上行套餐，可以在电脑端借助软件测试网速。

- 六类网线

笔记本电脑需网线直连路由器，以确保网络传输稳定性。

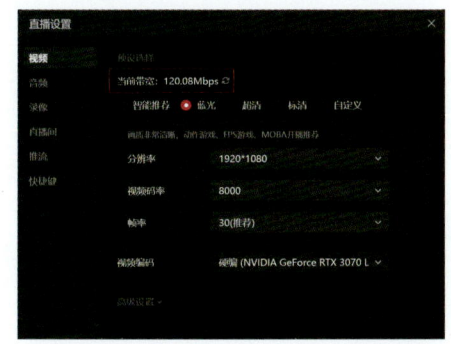

抖音"直播伴侣"查看宽带速度示例

来源：京东，参考日期：2023 年 8 月 23 日

- 相机（双机位 X2）

不低于 4K30 帧，10bit 视频记录能力的微单相机。

佳能的入门级微单为 R50。

没接触过相机的朋友推荐线下体验店购入，可以现场试用和询问使用方法，价格与线上渠道差别很小。

- 假电池（双机位 X2）

保证长时间直播的持续供电。

来源：京东，参考日期：2023 年 8 月 23 日

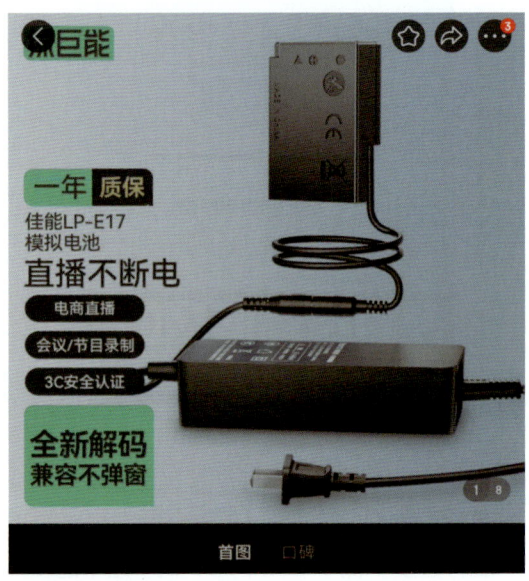

来源：京东，参考日期：2023 年 8 月 23 日

- 相机散热器（双机位 X2）

推荐半导体制冷散热器，效果好，需外接电源。

- 采集卡（双机位配置）

推荐阿卡西斯双路采集卡。

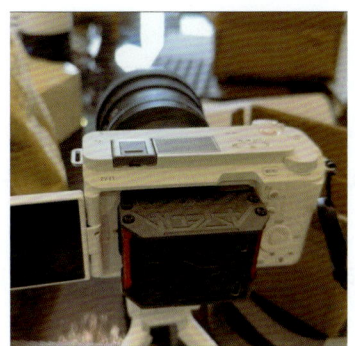

来源：拼多多，参考日期：2023 年 8 月 23 日

- HDMI 传输线

视具体设备情况决定购入数量，提示：买采集卡可能会送 HDMI 线。

- 领夹麦克风

最少需要一枚发信端和接收端，如需直播助理与主播高强度配合，则需要选择两枚发信端的组合。推荐大疆的麦克风，兼顾音质、传输距离和续航。

推荐购入一根 USB-C 数据线，直播时插在接收端上直接供电，以保证长时间直播的续航。

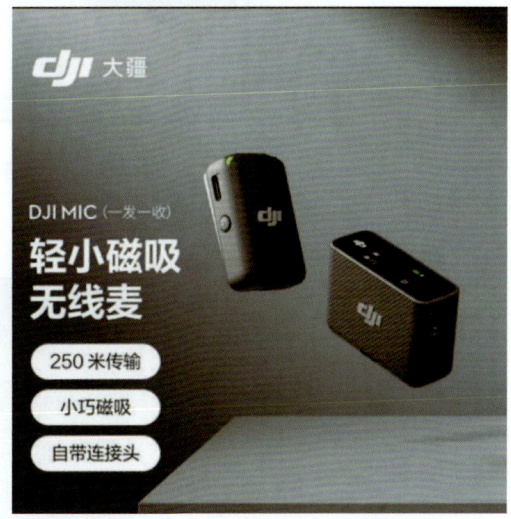

来源：拼多多，参考日期：2023 年 8 月 23 日　　　　来源：拼多多，参考日期：2023 年 8 月 23 日

- LED 可变色温影视灯

视直播间的大小和具体需求，自行决定购入数量和配件。

实景直播间最起码需要 2 盏。

推荐爱图仕的 200X 系列，选择灯具 + 抛物线柔光箱 + 灯架的组合。

- 反光板（辅光）

可以作为人物面部的辅光，可以起到代替一盏 LED 灯的作用，但是效果不如 LED 灯，且不能离人物太远。

- 绿幕（抠图直播间）

视产品颜色情况可选择蓝幕等其他颜色。

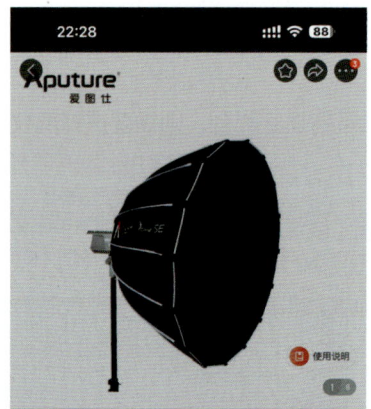 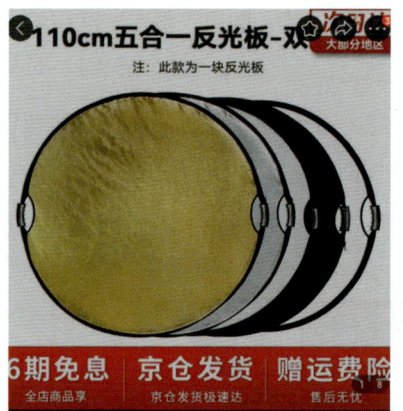

来源：京东，参考日期：2023 年 8 月 23 日

来源：淘宝，参考日期：2023 年 8 月 23 日

5.2.3 直播工具设置

当您订购的产品都到货后,只需要按照产品说明书将网线、HDMI 线与相机、采集卡、笔记本电脑连接起来就行,产品的说明书有非常详细的图文使用说明,因此这里就不过多赘述。本节将详细讲解直播间的硬件、软件该如何正确设置。

● 硬件设置

下面以佳能 EOS R 系列的微单为例,调整基本参数。

(1)点击相机上的"MENU"按钮,来到菜单界面

(2)选择小扳手图标,将"视频制式"设定为用于"NTSC"

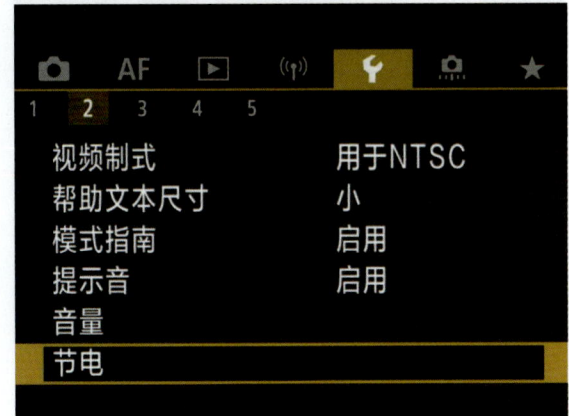

(3)找到"节电"

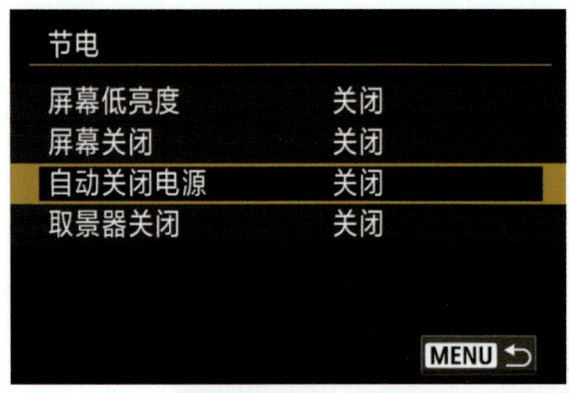

（4）全部设置为"关闭"

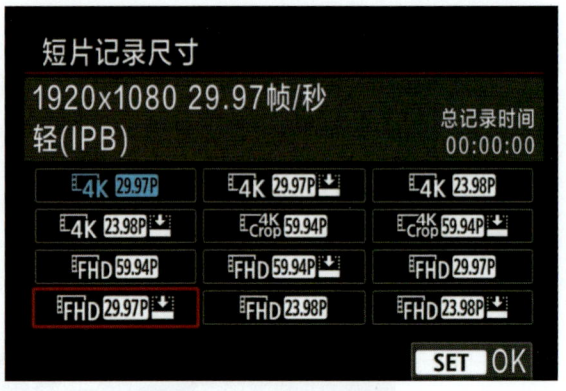

（5）"短片记录尺寸"设置为4K30帧或者1080P30帧率，R8以上型号建议选择4K

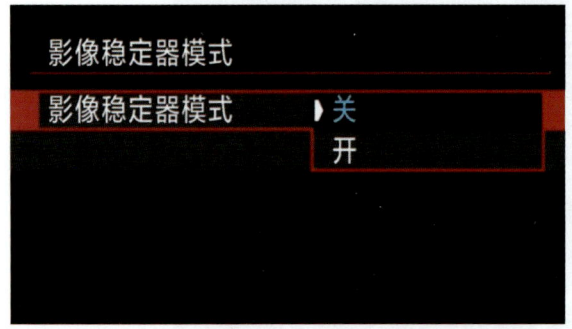

（6）"影像稳定器模式（IS数码防抖）"设定为"关"

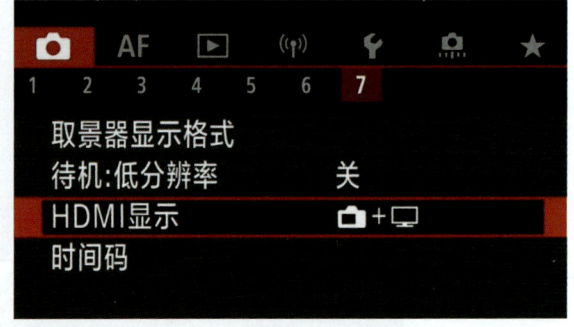

（7）"HDMI显示"选择"相机＋电脑"

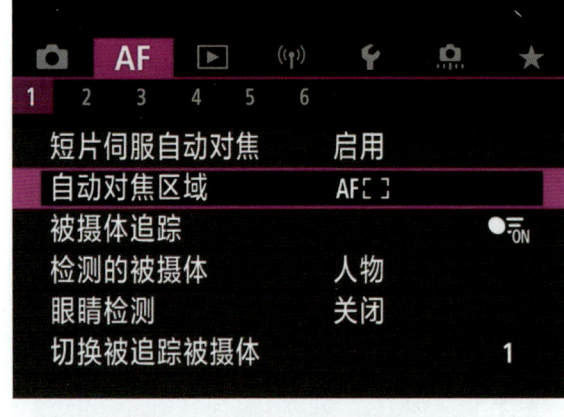

（8）来到对焦设置

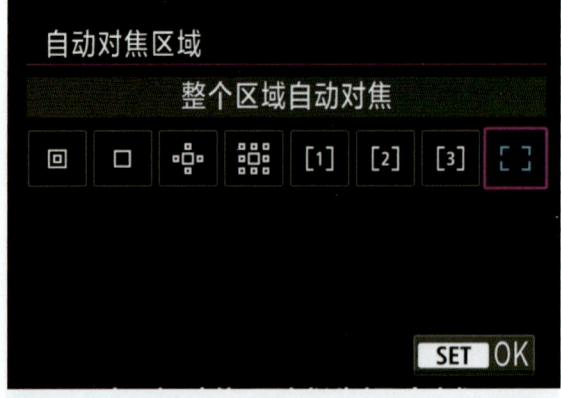

（9）自动对焦区域选择"广域"

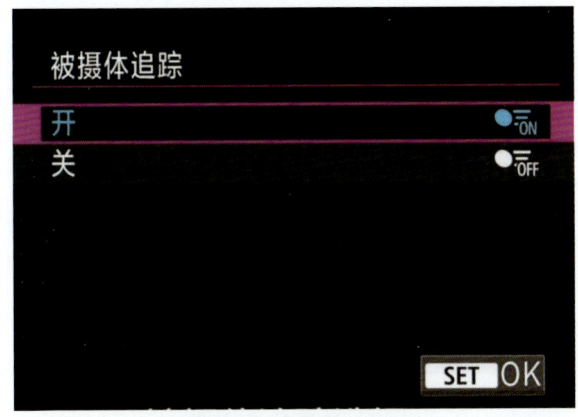
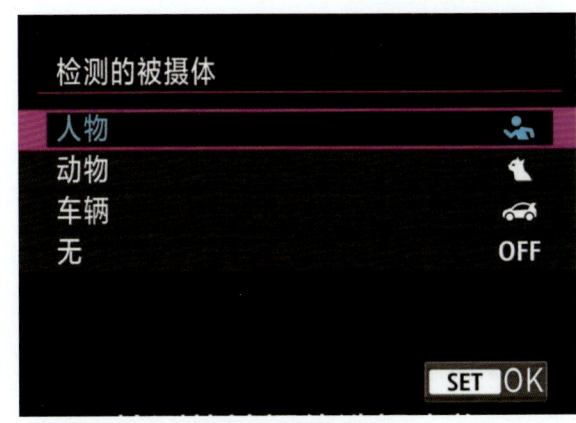

（10）"被摄体追踪"选择"开"　　　　　　（11）"检测的被摄体"选择"人物"

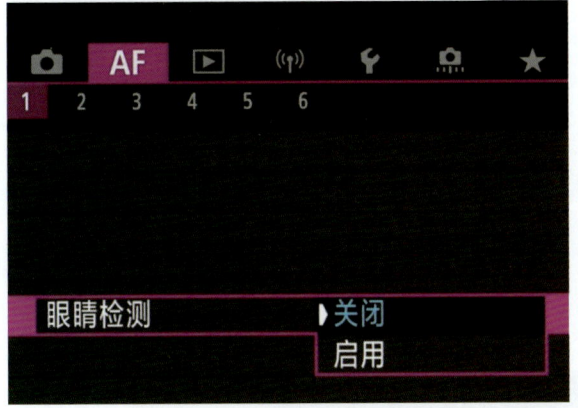
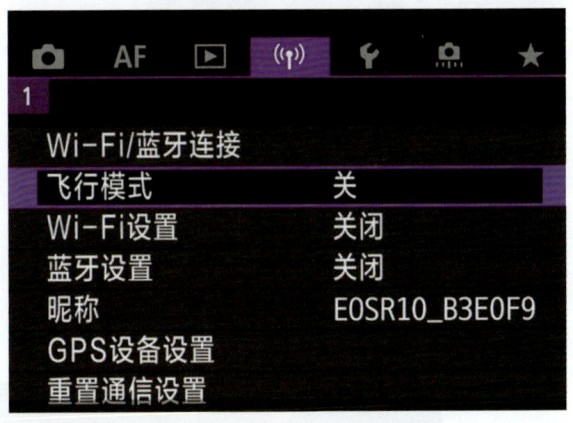

（12）"眼睛检测"选择"关闭"　　　　　　（13）关闭"飞行模式"

1. 修改拍摄参数（一次性）

"照片风格"选择"人像"，白平衡设置到"5300K"

2. 麦克风设置

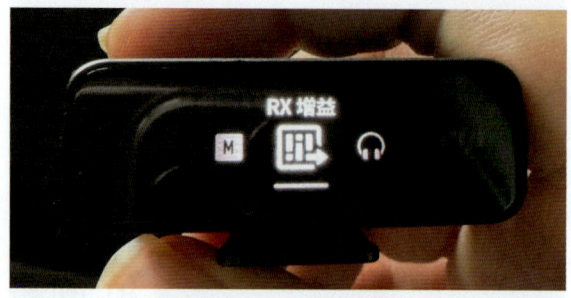

（1）找到"RX 增益"

（2）调节到"5dB"

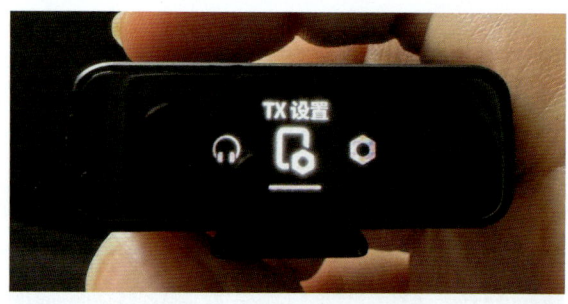

（3）找到"TX 设置"

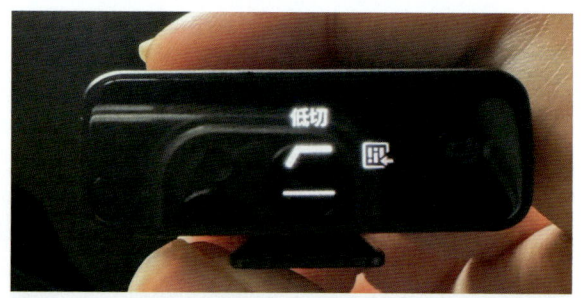

（4）选择"低切"

（5）调整到"ON"

3. 散热器设置

以图中的款式为例,长按开关3秒钟,指示灯由红色(待机)变为黄色,此时为第一档,需要再次轻按开关,增加一档(蓝色)。

散热器内部为陶瓷片制冷,易碎勿摔

4. 外接显示器设置

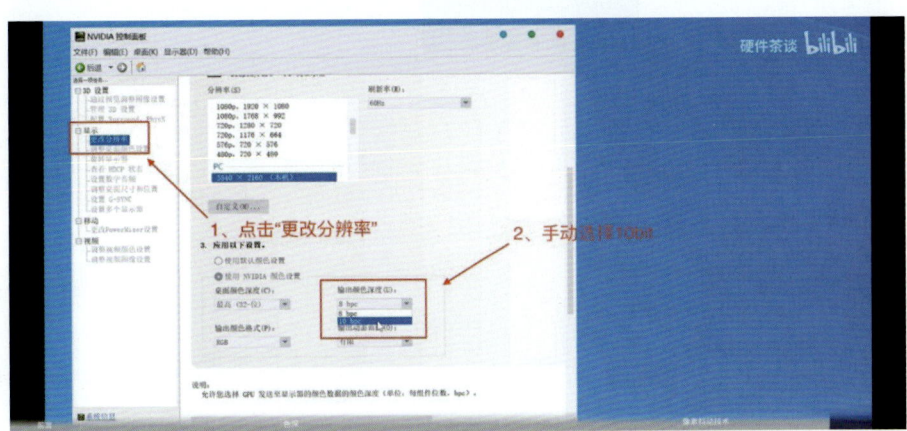

(1)外接显示器如果支持10bit色深,要进入显卡控制面板手动选择"10bit",以达到最佳显示效果

（2）在桌面上空白位置右键，选择"显示设置"

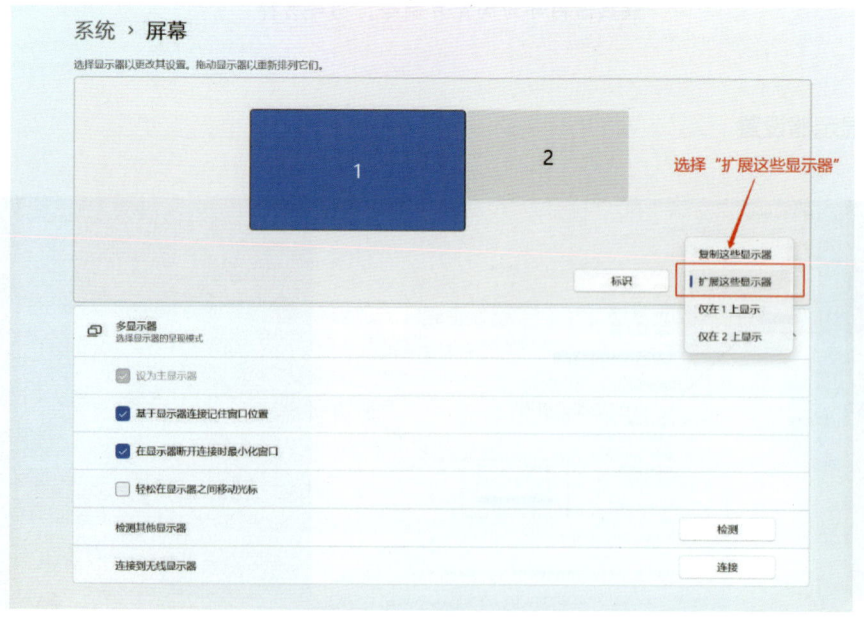

（3）在下拉栏选择"扩展这些显示器"

● 投屏软件设置

（1）Windows 上安装 UltraMon，可百度搜索下载，安装完毕后点击右下角的图标

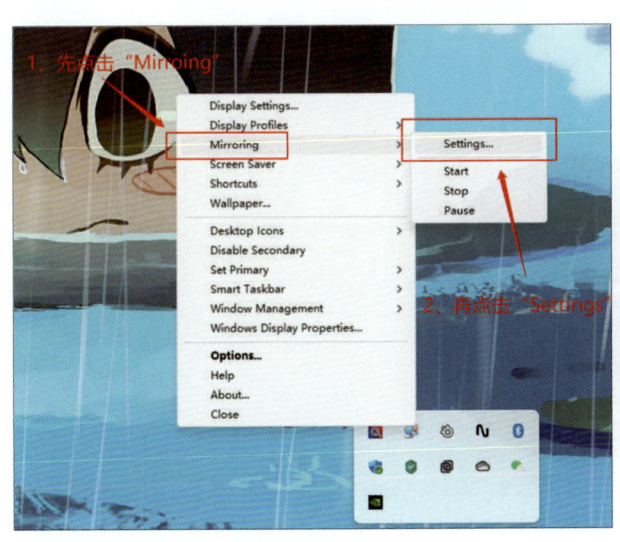

（2）右键点击"Mirroring"，然后再点击"Setting"

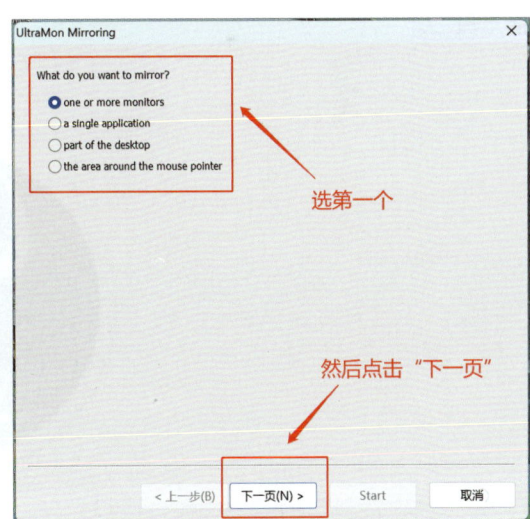

（3）选择第一个，然后点击"下一页"

5.3 前期准备与直播规划

硬件方面的准备已经大功告成了,接下来就是打开直播软件,将相机捕捉到的画面推流到直播软件,本节的内容为开播前的最后一个准备环节,比较重要,可能需要反复阅读。

5.3.1 选择直播软件

在短视频平台刚兴起的一段时间内,各个平台还没有专属的直播软件,用户如果想要开展直播,就必须用到 OBS Studio。OBS 是一款开源的外国直播软件,所有人都可以免费下载使用,优点就是兼容性强,几乎所有的视频平台都能用 OBS 来直播。缺点就是功能较弱,界面不太友好,有较高的学习成本。因此抖音在 OBS 的基础上开发了自家专用的直播软件——抖音直播伴侣,相信用抖音电脑端开展过直播的朋友们都体验过直播伴侣的强大功能与易用性。相比之下,视频号因为起步比抖音要晚,相关联的生态搭建发展较晚,最直观的体现就是视频号在很长的一段时间内都没有官方的直播软件,需要用户自行下载 OBS 来进行直播。用 OBS 在视频号上直播的最大问题,就是用户看到的输出画面与相机捕捉到的实际画面之间有很大延迟。比如,主播在现场说过的一句话,做过的一个动作,用户在手机上可能要等 15 秒后才会看到这个画面。这就会影响主播与观看直播的用户互动的时效性。好消息是,视频号现在已经拥有了官方的直播工具,用户只要在电脑上登录电脑版微信即可使用,也就是官方的"视频号直播工具"。

OBS Studio

5.3.2 视频号直播工具快速上手

● 视频号直播工具

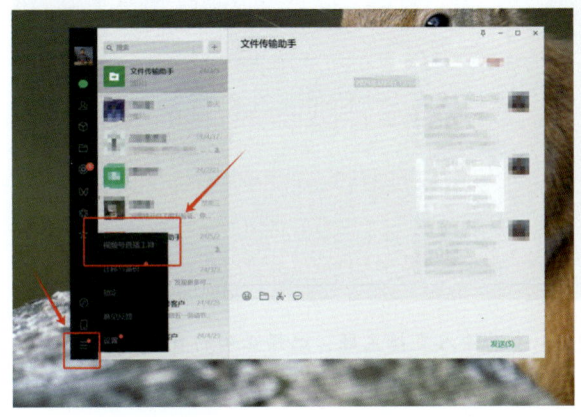

（1）登录电脑版视频号，点击左下角三条横线，选择"视频号直播工具"

（2）点击"画面源"

（3）点击"+"

（4）点击"摄像头"

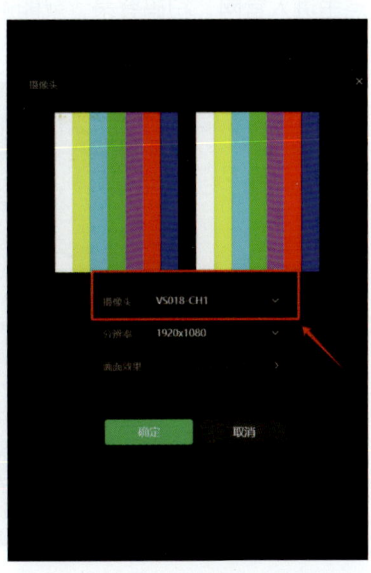

（5）选择采集卡的主通道

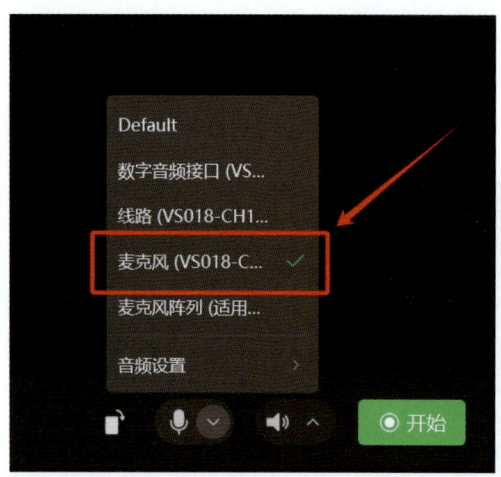

（6）音频通道也选择采集卡主通道，然后点击"开始"

（7）手动输入直播主题，选择正确的直播分类，就能开始直播了

● 视频号助手

视频号助手其实就是视频号的网页版，其中很重要的一项功能就是直播管理。百度搜索"视频号助手"，点击进入官网，扫码登录，就能进到视频号助手的页面。

扫码登录视频号助手

首先，我们可以在直播前创建直播预告。相比抖音需要 10 万粉丝才能创建直播预告的要求，视频号的门槛低了很多，视频号创建直播预告对粉丝数量没有任何要求，创建后的直播预告会出现在视频号的主页以及短视频里，点击预约直播的用户，在主播开播后会自动收到开播提醒。点击"直播管理"，找到"创建预告"，输入直播的主题，然后点击左上角的"创建"即可完成。

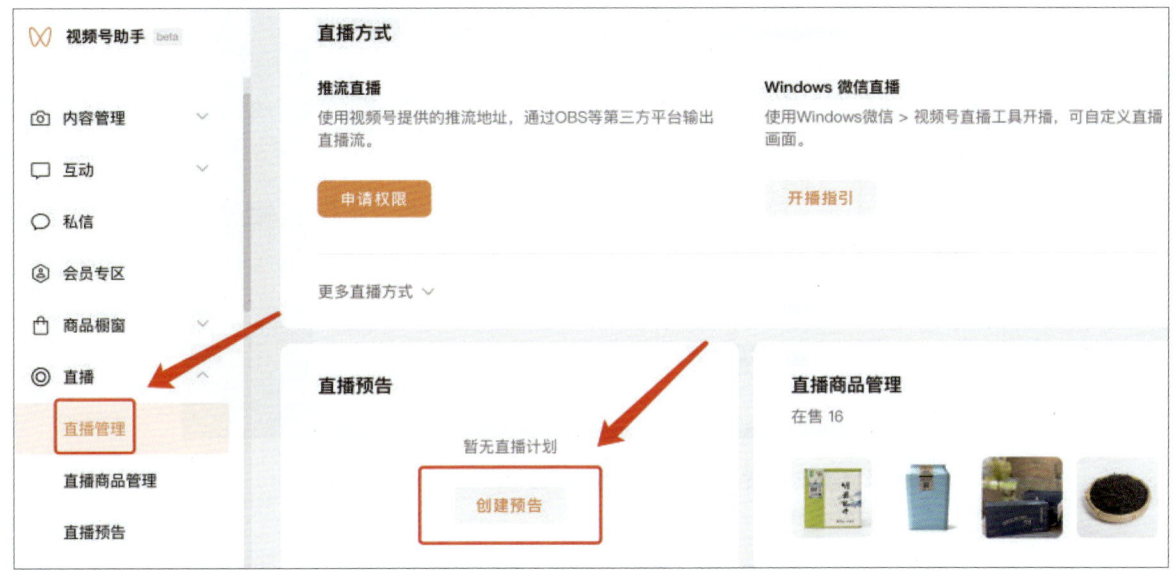

（1）"直播管理"界面找到"创建预告"

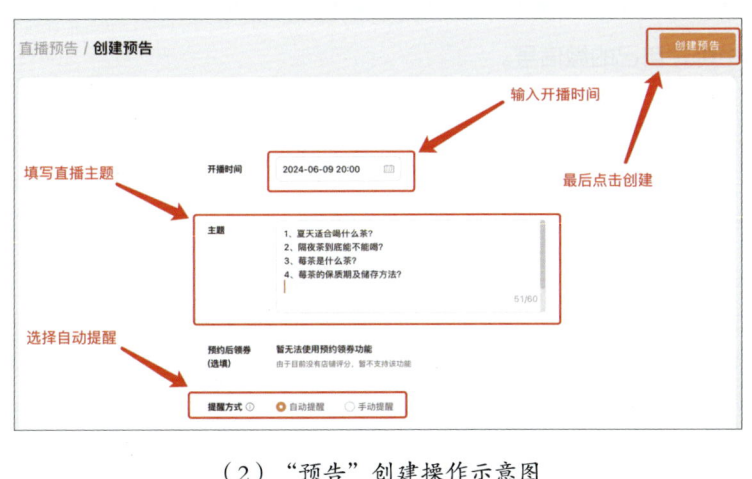

（2）"预告"创建操作示意图

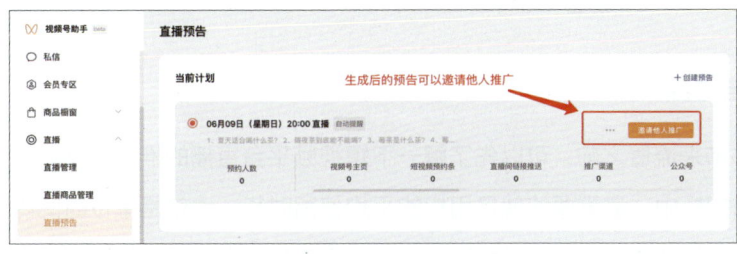

（3）推广操作示意

（4）最终效果示例

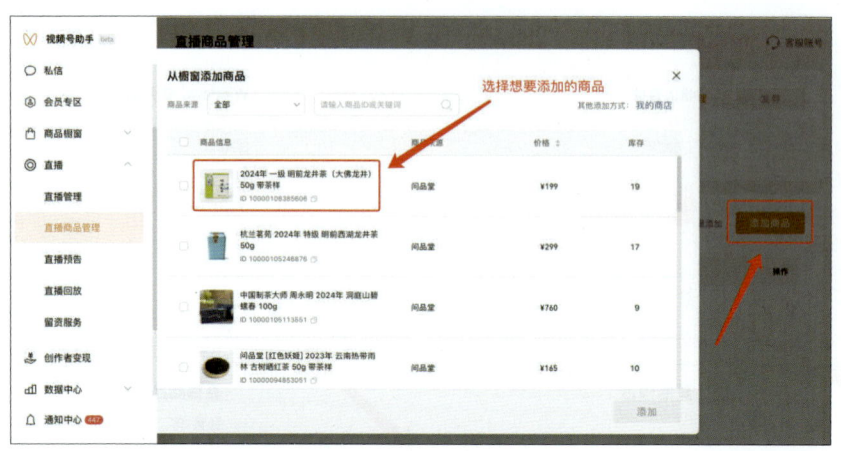

如果想直播带货，点击"直播商品管理"进行"添加商品"

开播后，点击"直播间管理"，就可以来到直播中控台，这里是直播间的后台，也是直播助理的工作区。直播期间，直播助理需要在中控台的评论区引导观众关注，发表评论，禁言不当发言的用户。

最后，还有一个非常重要的功能需要了解。如果开播时，因为业务需求，需要非账号实名认证的本人出镜，则需要出镜人在"人员设置"中绑定自己的微信号。

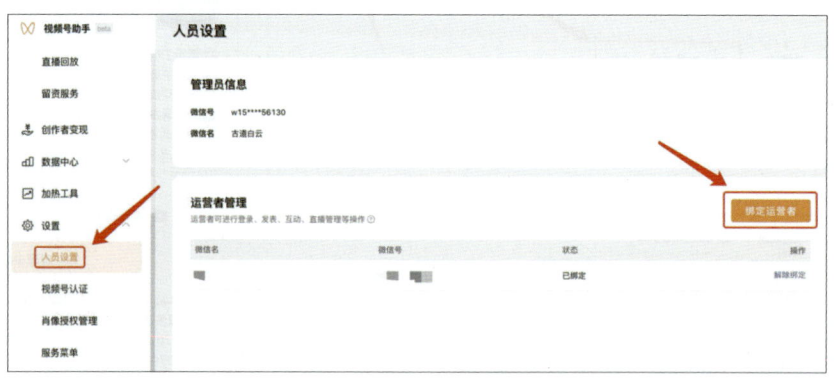

"人员设置"示例

5.3.3 用爆款思维决定直播主题与内容

在我们思考什么样的直播内容能够带来流量之前，可以先了解一下短视频平台直播的推流机制。非电商类的直播间，平台对直播间的考核指标中，最重要的就是用户的平均停留时长，也就是单位时间内平均每个用户在直播间观看直播的时长，其次才会考核点赞和评论这些二级指标。在前面讲解短视频推流机制的时候提到过，平台考核短视频的最重要的指标就是完播率。短视频的完播率和直播间观众的停留时长，其实有异曲同工之处，本质上都是平台在考核你的账号为平台留住用户的能力。你的直播间的平均停留时间越长，证明你能留住用户的能力就越强，用户在视频号观看你的直播，就不会去其他平台观看直播了。因此，你在视频号与其他平台的竞争中作出了贡献，视频号自然会给你更多的流量倾斜。

说到这里，那我们该怎么尽可能地吸引用户在直播间停留呢？短视频与直播从来就不是强买强卖，如果你的内容不够吸引人，哪怕通过付费流量，也很难留住用户。因此，好的内容就是关键。以知识分享类直播间为例，好的选题才能促成好的内容，如果你直播的话题属于受众很广的热门话题，那就能轻易吸引到大量用户来你的直播间，观看你的知识分享。而好的直播内容，不仅能够吸引用户观看，还能让用户自发地去评论、点赞、分享。然后，你就会发现，你触发了平台的推流机制，因为直播间的在线人数在稳步上升。

找到好的直播内容并不难，只需要在直播间继续发挥你的长处即可。听起来可能很难理解，什么是发挥长处？打个比方，如果你的 IP，平日发布的短视频靠的是视觉要素来吸引流量，比如是一个技艺超高的茶艺师在表演茶艺，并且视频的播放量普遍不错，那你的直播间就可以继续请茶艺师表演茶艺。因为，优秀的内容，无论是短视频还是直播，都能经得住观众的考验。再比如，你的 IP 是一个口播类的科普账号，平日发布的内容都是茶叶知识的科普，直播的时候，就可以继续科普茶叶的知识。接下来，笔者会以一个知识科普类的账号举例，详细讲解如何策划直播选题。

1. 在爆款短视频里找选题

在账号发布至今的视频里，找到播放量最高的几条视频，把这些账号的选题记下来。比如，下图中的账号，播放量最高的视频选题有"中国四大红茶是哪些？""喝茶可以养生吗？""六大茶类的代表茶"，直播的时候，我们就可以继续重复这些话题。值得注意的是，如果直播的话题涉及健康养生，直播时最好不要使用功效类词语，或者退而求其次用暗示的方法来侥幸试探，因为健康养生类话题在所有平台的监管力度都比较严格。

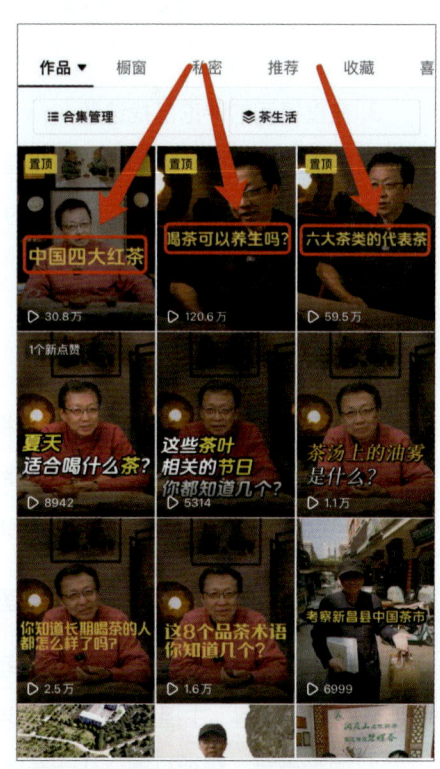

"选题"筛选示例

2. 在视频评论区找选题

有时候，视频下方的评论区，用户会主动询问问题，这个时候，我们可以主动记录一些高频问题，把它们当作直播时的题目。比如，有很多粉丝在视频下方的评论区询问有关莓茶的知识，我们就可以在直播时讲与莓茶有关的话题。

3. 在直播间的评论区找选题

如果我们的直播间是一个知识科普的直播间，直播过程中，除了我们主动地为观众讲解知识，也会有很多观众主动向我们咨询问题。这时候，把咨询频率较高的一些问题记录下来，就能当作我们下一次直播的话题。

5.4 直播技巧与互动

直播与短视频最大的区别，就是短视频是提前录制好的，是静态的，而直播是实时的，是动态的。因此，直播时，我们要根据观众的评论、直播间的氛围，不断调整直播的话术、节奏。同时，直播助理也要根据评论区的情况，与主播做好互动，完成评论区的回复，引导观众加关注等。

5.4.1 主播的表现力——吸引停留的关键

再大的直播间，主播永远是直播间中最重要的人，他总是会出现在屏幕的正中央。因此，一个直播间能否吸引人停留，主播的表现能够起到 90% 的作用。一个好的主播，一定要做好如下准备。

1. 面带微笑，精神抖擞。从一开播，直播间里还没有人的时候就能进入状态，并保持到下播。

2. 面朝镜头，90% 的时间一定是要看向相机（手机）镜头的。如果有观众在评论区提问，读完观众的评论一定要立即面朝镜头。因为面朝镜头，用户在手机上才能看到主播是面对自己讲话的。

3. 养成看评论区的好习惯。直播本质上属于服务业，服务的是直播间正在观看直播的用户。因此，要时不时地看直播间的评论区留言，如果观众问主播问题，一定要及时回答，回答问题的时候最好能把问题念出来，这么做可以让提问的观众知道主播在回答自己的问题，感到被关注到从而产生亲切感。如果评论区的问题比较敏感，可能会涉及封禁直播间，主播可以不回答或者委婉地回答。

4. 有备而来。一定要提前准备好直播的内容、话题，并且保证内容和话题足够吸引人。主播千万不能毫无准备地上场。因为每场直播的流量都会影响下一次直播的流量，如果某次直播因为主播没有准备好，而导致本场直播流量不好，下一场直播的开场流量也会受到影响。

5.4.2 直播助理的工作与职责

对直播行业有些了解的朋友们应该知道，一些大网红的直播间，除他本人以外，还会有很多不会出现在镜头中的工作人员。这些人员中，离主播距离最近，并且在直播中协助主播在评论区引导观众的，就是直播助理。根据公司规模的不同，直播助理可能会有多个名称，比如，又被称作场控、运营、中控等。因为本书旨在帮助中小型规模的茶叶企业实现低成本转型，并且不涉及电商带货直播间，我们在人员配置上仅需主播加上一名助理即可。因此本书统一用"直播助理"这个名称来指代这个职位。一名合格的直播助理需要做到以下几点。

1. 在开播前完成设备的开机、账号的登录等一系列准备工作。

2. 关注评论区的问题，并且及时回答问题，如果观众在评论区的问题过多，主播无法及时回答，则应该由直播助理回复。

3. 与主播互动，主播有可能会说敏感词，或者遗漏评论区的一些重要评论，应该及时提醒主播。

4. 控评，如果有观众在评论区发布恶意评论，需要及时屏蔽。

5. 引导评论，在评论区要主动引导观众点赞点关注，主动与新进直播间的观众打招呼。

5.4.3 加强观众的互动与参与——避免冷场

不知道平时喜欢刷短视频的朋友，有没有刷到过一些在线人数很少的直播间。点进这类直播间，我们会发现评论区的用户全都是鸦雀无声，主播也是无精打采。这种情况下，我们大概率会很快划走，不想多待一秒。主播和评论区的观众，其实是互相影响的，直播间的人数越多，观众越爱与主播互动，主播情绪越高涨，直播间的氛围就越好；相反，直播间的人数越少，评论区的互动就越少，主播很容易就变成自说自话的"尬聊"，直播间的氛围也就越差，在线人数就会持续低迷。

如果因为一些非人为的原因，导致直播间流量变差，观众互动变少，比如，赶上某个电商节，大主播或者明星把直播流量都给吸走了，又或者今天直播内容测试新的话题，但是新话题的反响不是很好。这时候我们应该采取以下措施，加强与观众的互动，尽量稳住直播间的流量。

1. 提醒主播，让主播讲下一个话题或者内容，切换为热门话题，吸引观众停留。

2. 主播增强与评论区的互动，比如主动询问观众，有什么感兴趣的问题，可以询问，主播会一一解答。

3. 直播助理在评论区引导，鼓励观众向主播问问题。

4. 采用少量付费手段，比如开启直播间抽奖，介入付费流量，拉高在线人数。这部分具体操作内容会在 5.5 中详细讲解。

5. 如果是因为讲了敏感内容被限流，助理需要主动提醒主播，在接下来的直播中不要再讲敏感词。

5.5 利用付费流量提升直播间人气

前面，我们学会了如何将直播间的自然流量最大化。在此基础上，如果我们想让直播间的流量更上一层楼，或者想走捷径，也可以考虑介入一些付费流量。付费流量在使用合理的情况下，是能够撬动直播间的自然流量的。付费流量的投放方式有很多，但要记住一点，付费流量一定要小额分多笔去投，才能做到最有性价比。

5.5.1 直播间抽奖——拓展直播间自然流量

直播间抽奖是最简单的一种投放方式，只能在开播后使用此项功能。以手机端为例，点击右下角福袋的图标，即可进入奖品设置界面。点击"创建抽奖"，依次填写"礼物分配""中奖名额""用户参与方式"，这里最重要的选项是"用户参与方式"，建议选择"发表评论"或者"关注主播"这两个选项中的一个，因为这两个选项的权重最高。默认的奖品都是虚拟礼物，需要先给视频号账户充值。视频号抽奖还有一个很利好零售业商家的选项，商家可以选择在非挂车的直播间发放实物福袋抽奖，前提是开通橱窗带货权限以及微信小店。商家可以选择一个在自己接受范围内、成本较低的产品，作为奖品抽给直播间的观众。以茶叶企业为例，可以送一小包品鉴装茶叶或者一个品茗杯，这么做看似是免费给观众做福利，实际上是一种成本较低的获客方式。

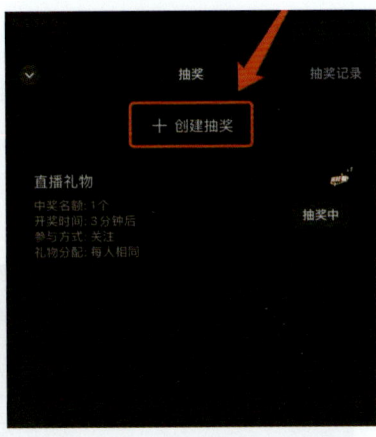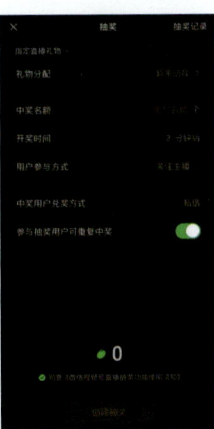

"直播间抽奖"示例（组图）

5.5.2 发放直播红包——从私域引流直播间

如果微信已经有了长年累积的各种群，我们可以直接在这些群里发放红包，吸引私域的客户来直播间观看直播。发放直播红包只能在开播前完成，如果是手机直播，需要从移动端的界面操作；如果是"相机推流＋电脑端"开播，则需要从电脑端的视频号直播工具发放红包。以电脑端为例，点击右下角"开播"，在弹出的"开播设置"界面中，选择"进群发红包"，就能选择微信群发放红包了。想领取红包的用户，会被引入直播间领取，从而完成从私域到直播间的引流。

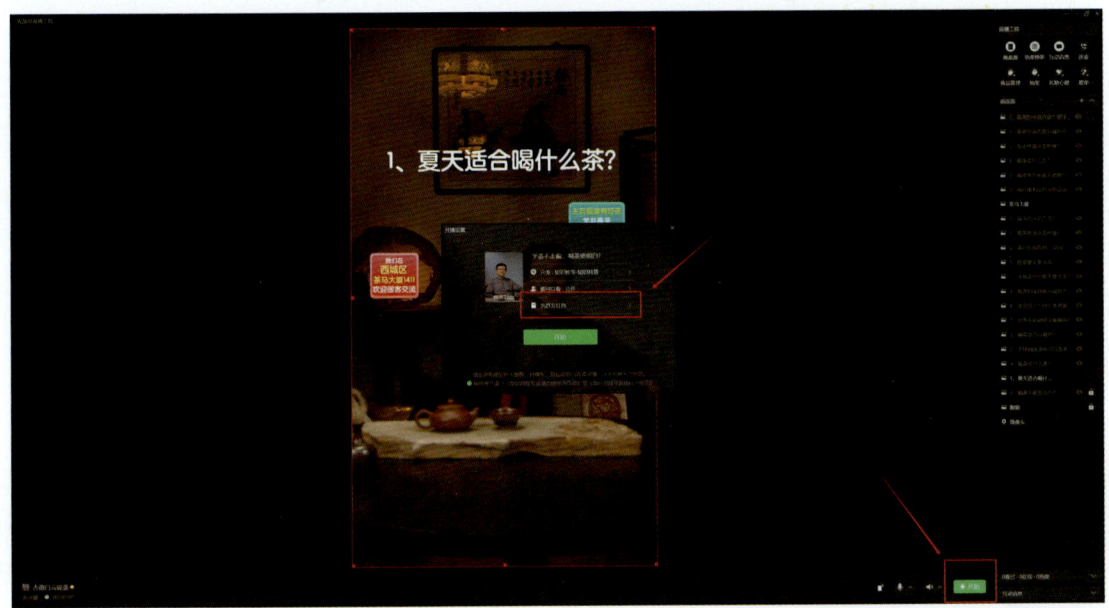

电脑端"发红包"操作示例

5.5.3 视频号加热工具——用付费流量撬动直播间人气

除上文讲的间接付费投流模式，视频号也有直接付费投流的模式。这种方法与以上方法相比，优点就在于系统会直接从公域流量里为您推送观众，缺点则是成本也是最高的，视频号加热工具的起投费用为 500 微信豆，500 微信豆折合人民币约 72 元。

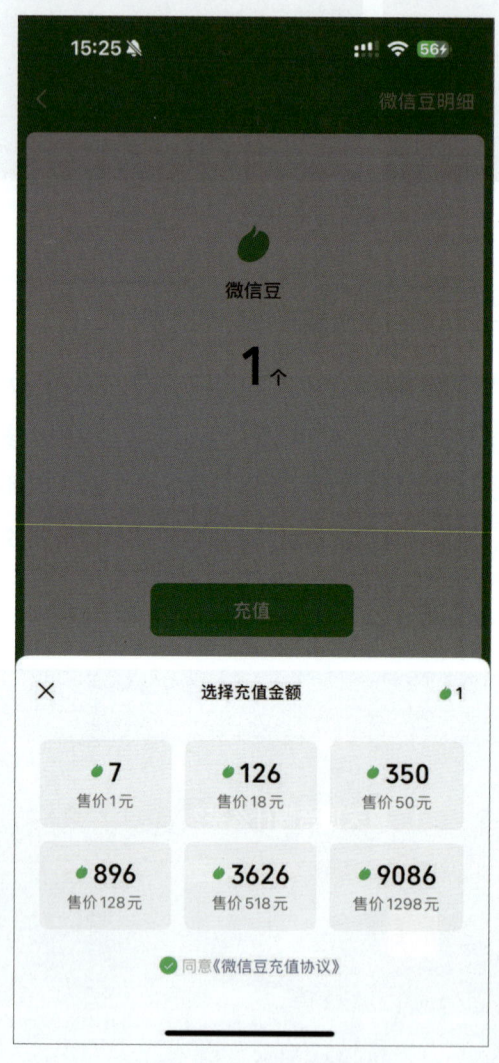

"微信豆"充值界面示例

视频号加热工具既能加热日常发布的短视频，也能加热直播间。移动端和电脑端都能使用视频号加热工具，且两者的功能没有差别。以电脑端为例，登录视频号助手，点击"加热工具"，然后选择想要加热的视频，点击"发起加热"。

"定向加热"界面示例

5.6 直播后的跟进与分析——提升直播水平的必修课

如果把直播看成一场比赛,每场直播也是"有输有赢"的,换句话讲,每场直播在流量方面都会有好有坏,而我们要做的,就是在每一场直播后,分析直播的流量数据。如果本次直播的流量不好,我们就要分析出流量不好的原因,在下一场直播中避开这些问题并加以改进;如果本次直播的流量很不错,那我们就要在下一场直播中维持住优势。一场直播的好坏,一定是和自己的前一场直播来比较的,而不是与同行的账号做比较。不同的账号,影响其直播间流量的因素是不一样的,有些账号可能做得比较早,吃到了平台流量扶持的红利,粉丝积累也多,也有些账号可能在后台进行了大额度的付费投流。因此,我们在前期,只要做到每场直播都有进步即可。

5.6.1 如何做直播后的数据分析

登录视频号助手,点击"直播管理",找到"近期直播数据",点击"查看历史数据",在跳转的页面中选择想要查看数据的直播场次,然后点击"数据详情",在新的页面中点击"前往数据趋势大屏",就能看到所有的数据信息了。

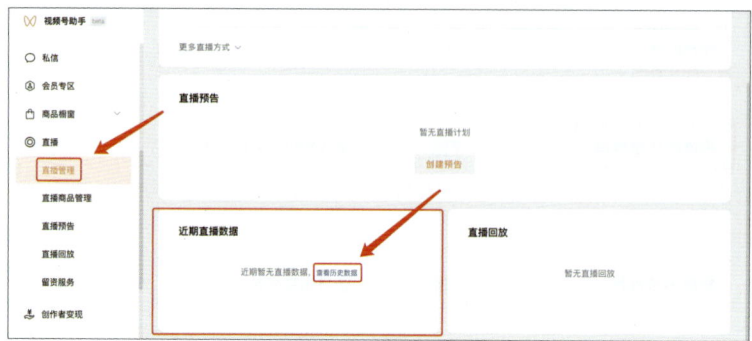

（1）

（2）

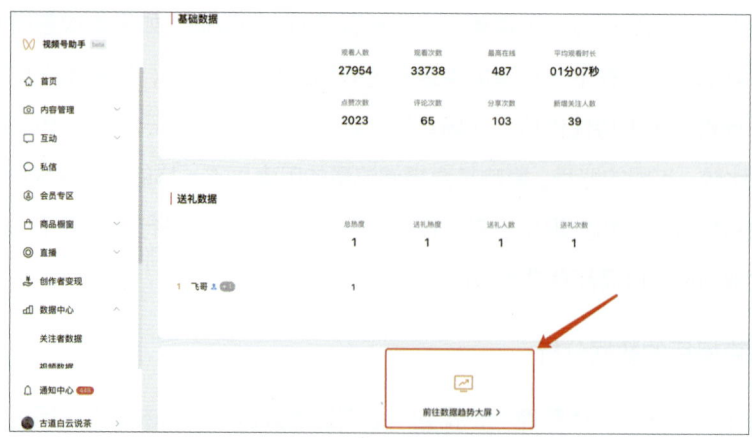

（3）

直播管理界面查询数据步骤示例（组图）

在数据页面，找到设置选项，因为最多只能同时显示 8 个数据，因此我们要勾选下图所示的最重要的几个数据。

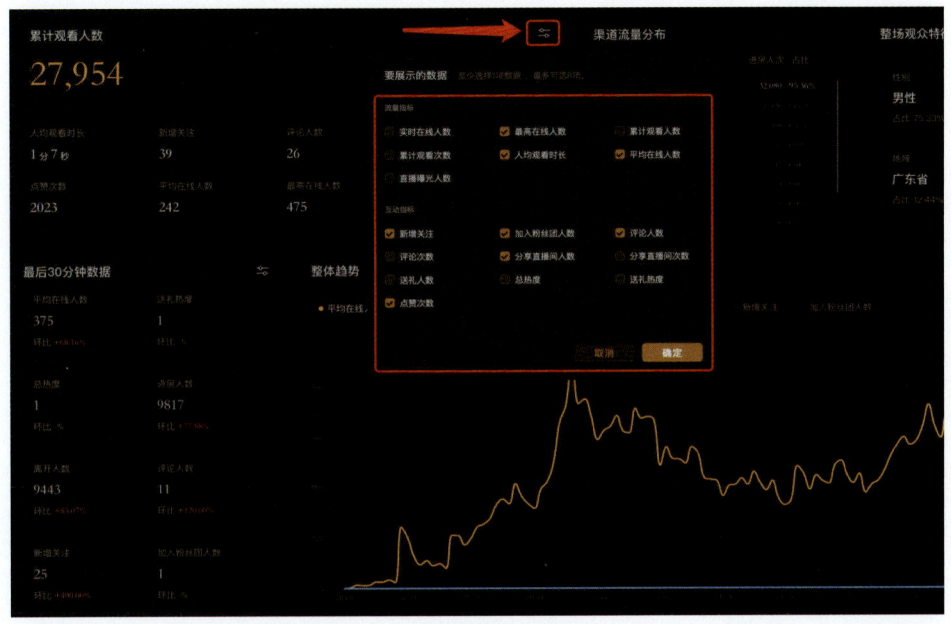

"条件"勾选示例

先看左上角的数据板，最重要的就是"累计观看人数"，这项数据直接说明了直播间流量的好坏，也就是有多少人点进了你的直播间，观看了你的直播。

然后是直接影响直播间推流的数据"人均观看时长"。前文中说过，人均观看时长越长，系统给直播间推送的自然流量就越多。但有一点需要注意，这项数据与直播间的累计观看人数成反比，而其他数据，比如"新增关注""评论人数""点赞次数"等，都与累计观看人数成正比。

"累计观看人数"界面示例

接着我们看"渠道流量分布",一个自然流量直播间,"直播推荐"进来的流量一定是占比最大的,且直播间流量越好,"直播推荐"的占比就越大。

"渠道流量分布"界面示例

最后简单看一下整体趋势,可以看出整体趋势是不断升高的,证明直播内容没什么问题。直播间流量有波动很正常,只要整体走向是正向的,就可以接受。

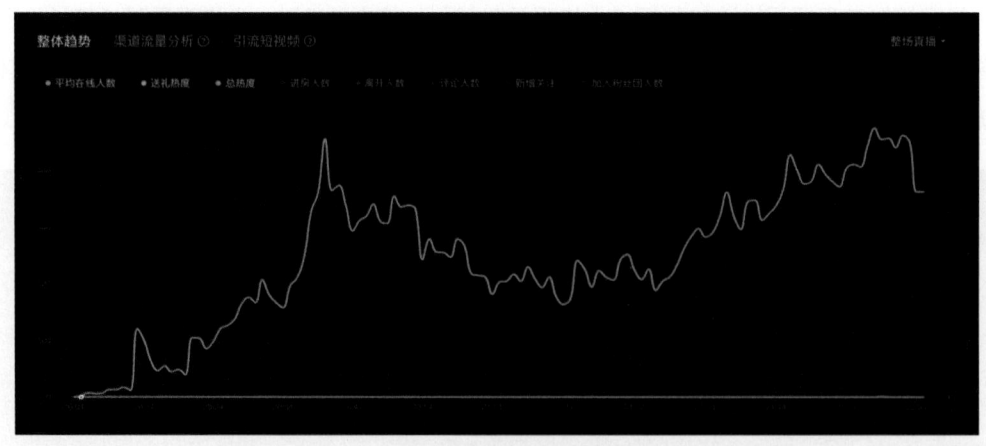

"整体趋势"界面示例

右上角点击"画像",重点看"性别分布""年龄分布""省级分布"三个指标,其中的"省级分布",这里重点强调一下,如果您想让观众变为自己线下实体门店/企业的潜在客户,在自然流量不是本地观众为主的情况下，最好介入一些付费流量，吸引本地人群来直播间观看，因为系统推荐的自然流量一般都不会特别精准。

5.6.2 持续改进直播内容与形式

观察直播数据的反馈，我们就能锁定直播间的问题，然后作出改进。可以采取的行动有：

1. 优化直播内容。如果你是一个知识科普的茶叶直播间有可能是因为直播间的话题太偏，比如"莓茶是什么茶？"就不如"茶叶有温性凉性之分吗？"对后者感兴趣的人群肯定是高于前者的，因为即使是平时对茶文化不感兴趣的人群，也大概率会对茶叶的保健功能感兴趣，因此直播时尽量选择讨论参与度广的一些话题。

2. 介入付费流量。如果我们对系统的自然流量推荐的人群不满意，就可以介入付费，锁定我们想要的精准人群。比如，你是一家开在北京的茶馆，付费流量的推荐人群就要优先勾选北京地区或者环京地区。因为自然流量推荐给你的是广东地区的观众，大概率是不会到你的店里消费的。

3. 采用进阶策略。如果直播间长时间没有人和主播互动，直播助理就需要用自己的小号，以路人的角度，向主播提问一些大部分消费者会感兴趣的问题，提升直播间的氛围。在成本能接受的情况下，可以选择提到过的低成本的实物福袋，比如几泡茶叶，作为实物福袋抽奖发放给直播间用户，这也可以视作一种间接获客的成本。

第六部分：
引流与转化——变现策略

到这里，如果您按照本书的教程，一步一步打造个人IP，并尝试了直播，相信您一定对短视频平台有了一定的了解。接下来，我们就要探讨如何变现了，也就是如何让自己的努力带来经济上的回报。毕竟，无论是拍视频，还是做直播，都要倾注不少心血，绝对不是一件轻松的事情。只有让自己的账号不断产生收益，才能一直坚持下去。

6.1 转化策略与案例分析

读到这里，您是否有些兴奋了？因为本节要正式教您"赚钱的方法"了！但是，还请您先冷静一下。开头说过，该书的主旨就是教您如何以最低的成本来打造个人IP并变现，这种方法的最大优点就是成本低、风险小，但是缺点就是见效相对慢一些，也就是回报周期略长，毕竟鱼和熊掌不可兼得。如果您能接受这一点，请耐心阅读下面的内容，一定会给您一些启发。

6.1.1 短视频和直播的转化路径

我们先来了解一下短视频和直播是如何一步一步让用户对我们的内容产生兴趣，并最终引导其消费的。

下图是一张视频号直播间的转化漏斗图，它是分析直播带货数据的时候最常用的一张图。从漏斗的数据中可以看出，从刷到我们直播间的人群，到最后产生消费行为的人群，其实也就是0.1%左右。也就是说，假如一场2小时的直播，有3万人因为系统推送看到了我们的直播间，最后也就只有3人在直播间下单。挂商品链接的短视频也是如此，被我们的视频吸引，观看了短视频，点击短视频商品链接，并且最后下单的用户，比例也是非常低。看到这里，您是不是觉得还可以？虽然最后转化的比例很低，但如果客单价足够高，一场直播能有三五个人下单购买我们的产品，这也是不少利润了。

转化数据图示例

在这里要给您泼个冷水，这些数据其实很大程度上是靠付费流量撑起来的。换句话讲，一个无营销行为的非挂车直播间，假如能有 5000 人进来观看，挂上商品链接之后可能就只能吸引 1000 人了。前面提到过，短视频平台分为内容流量和商业流量，而平台判断是否该给您分配商业流量的标准，就是您的直播间或者短视频有没有挂商品链接。商业流量对于平台来说非常宝贵，因为平台需要把数量有限的、经算法识别具有购买能力的用户，分配给数量众多的卖家。因此，卖家就需要付费甚至竞价来购买商业流量，这就导致流量成本会居高不下，甚至会超过一些低价商品的产品成本，这也就是现在很多做直播带货的商家不赚钱，甚至亏本的原因。

6.1.2 如何在不挂商品的直播间进行转化

如果想不触发商业流量，就不能在直播间或者短视频挂车。如果想在短视频平台以低成本的方式去做生意，就不要把短视频平台当作一个电商平台，而是仅将其作为一个曝光渠道，最大程度地利用平台的免费自然流量资源。这么做需要有一定的前提。

1. 直播间内容足够优秀，能够尽可能地吸引用户停留观看。

2. 拥有现成的产品或者服务，如果有观众在直播间产生了购买意向，能够直接提供该服务或者产品。

3. 拥有自己的线下店面，对于茶叶来说，线上平台的体验终归是有限的，而我们经营多年的线下资源才是我们自己的独特优势，把线上用户发展成线下客户才是我们的终极目标。

满足以上几点，我们就可以通过直播间贴片的方式进行间接营销。比如，我们在线下开设茶空间，可以提供茶艺培训服务，就可以用 PS 等平面设计软件，做一张图片，上面标"免费茶艺体验课，我们在 XXX（线下地址），欢迎交流学习"。能标注"免费"就尽量标注免费，因为我们要尽可能地将用户引导至门店，用户只要光顾了您的门店，再做二次转化就会非常容易，线下店铺因为看得见摸得着，用户的体验远强于线上，很容易就会产生付费的意愿。

除此之外，您也可以用上述贴片的方式，往自己的主页橱窗进行引流，宣传自己橱窗里都有哪些主推的茶品，引导观看直播的用户去主页的商品橱窗浏览，然后自行下单。

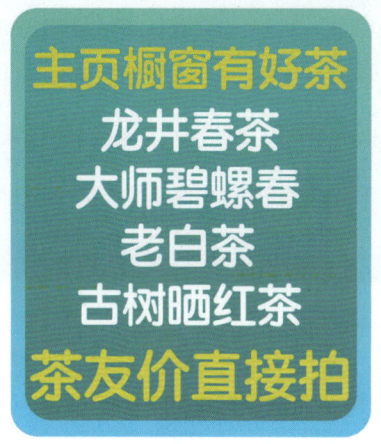

"贴片"示例

● 操作方法

1. 在 PS 中将图片保存为 PNG 格式。

2. 打开视频号直播工具，点击右上角的"+"，选择"图片或视频"，就能将图片添加到直播窗口中了。

3. 调整图片的大小和位置，避免挡住人物，摄像头的图层层级一定是位于最底端的。

4. 直播中，如果有观众对店面或者产品、服务感兴趣，直播助理要及时在评论区回复，并且提醒主播同步做口头回复。

点击"+"，然后选择"图片与视频"

6.2 铁粉与私域营销

很多常年做线下生意的老板，肯定都了解"熟客""回头客""老客户"这些词的意义，甚至很大一部分利润来源都是这些老客户。发展老客户的模式也同样适用于线上，此类人群一般被称为"铁粉"，那些对某个 IP 表现出极高忠诚度和持续关注的粉丝。他们通常会积极互动，例如点赞、评论、分享视频，并且会在每次新内容发布时第一时间观看。此外，铁粉通常会长期支持创作者，无论创作者发布的内容是否符合大众口味，对于拥有企业或者商品的 IP 来说，铁粉很可能会长期优先选择在我们这里消费。他们的忠诚度和支持，对 IP 创作者的发展和内容推广具有重要作用。微信的私域，就很适合我们维护和发展铁粉。

6.2.1 提前建立与茶相关的私域账号

私域账号就是您在微信朋友圈的私域 IP，可以当作一个视频号 IP 的简化版。还是以茶业为例，我们可以隔几日发布一个自己与茶有关的内容，比如今天去参加了某个与茶有关的活动，或者今天去了某个茶园考察，但是一定要与茶相关，这样才能与您的公域 IP（如视频号、抖音、小红书的账号）人设保持一致，因为私域的客户大部分都是从公域引导过来的。有一些常年做线下生意的老板，早就养成了在朋友圈发布内容的习惯了，但是发布的内容可能太随意，与茶并没有很强的相关性，日常的吃喝玩乐也发到了朋友圈里。如果是这种情况，就要从今天开始，养成尽量只发与茶有关的内容的习惯，或者另外注册一个新的微信号，专门用作私域人设的账号。私域账号的头像和名称，尽量与视频号 IP 的名称、头像保持一致，具体可参照下图的私域账号。

"私域"示例

6.2.2 将客户添加到私域，建立长期关系

在微信小店有过购买行为的客户，我们可以将其主动添加到私域。严格来讲，电商平台都是不鼓励商家查看客户的姓名、地址等信息的，因为要保护客户的隐私。如果是微信小店，以移动端为例，找到公众号"微信小店助手"，点击左下角的"管理小店"，即可来到店铺后台。在后台找到"订单管理"，选择想要查看的用户信息的订单，点击"查看"，即可看到用户的姓名、电话、地址。用该方法查看用户信息的次数上限为每月 1000 次，如果超过这个次数，需要商家去发货物流的小程序或者 APP 内查询。在此提醒大家，注意保护客户隐私信息，避免无意中侵犯他人隐私。

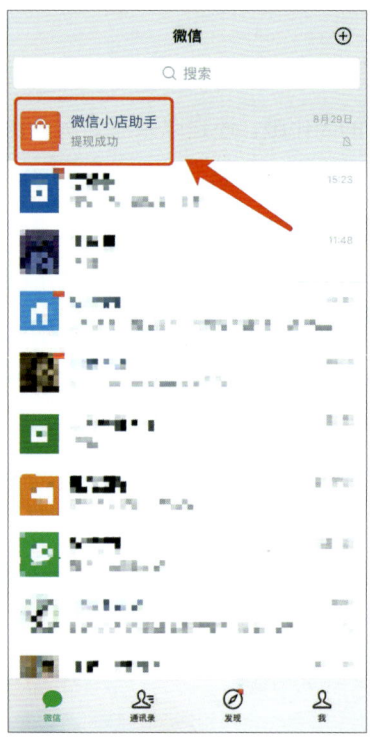

客户信息查看示例

建议所有的商家都选择一家长期合作的物流公司，这样不仅物流费用有优惠，最重要的是可以绑定电子面单，发货的时候通过打单机打印订单信息就能自动发货，不需要在物流公司的小程序或者 APP 里手动填写发货信息。发货后的订单信息会自动同步到你的物流公司账户里，可以直接从物流信息中查看客户的电话号码、地址等信息。以网页端为例，找到"订单/配送"，点击"开通电子面单"，然后选择想要开通电子面单的物流公司，填写相应信息即可。

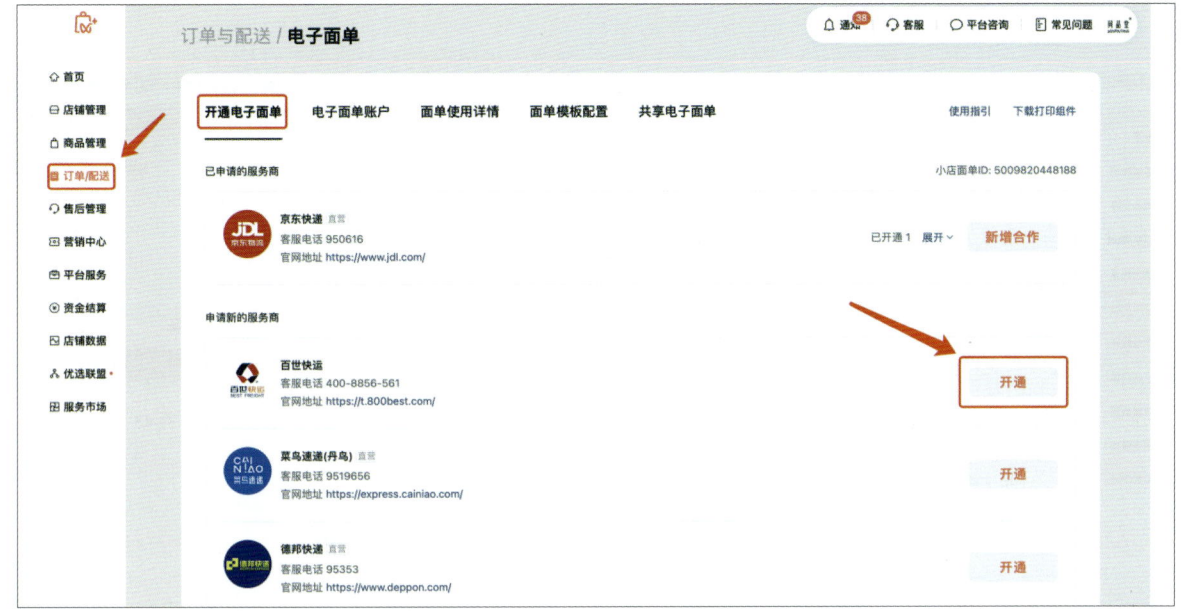

物流"电子面单"开通示例

6.2.3 构建社群与维护用户关系

将客户引入私域只是第一步，还需要经常地与客户建立联系。换句话说，就是在客户心中"刷"存在感。

1.维持住朋友圈的私域人设，不定期发布与茶有关的活动或者内容。

2.主动向客户打招呼。重要节日的时候发送节日祝福，并且送上免费的品鉴装茶叶，毕竟很少有人会拒绝免费的东西。

3.建立社群。此类方法只适合私域客户已经达到一定规模的阶段，如果只有几个人或者是十几个人，不建议一开始就建群。建立社群后，比较重要的活动或者产品，都可以往群里发布。也可以每次在开直播的时候，在群里发一个小额度的红包，将私域的客户引导至视频号的直播间。

这里详细讲讲第2种方法，不用主动询问客户地址，以生成1元商品的方式，引导用户主动去拍这件商品。比如，准备6泡正山小种的品鉴装，上架的时候设为正常定价，如标价49元，但是不用它来正常贩售赚取利润，而是专门用来作为回馈客户的赠礼。还是以网页版为例，我们找到"营销中心"，点击"优惠券"，再点击"新增"，选择"商品满减券"。

"优惠券"设置示例

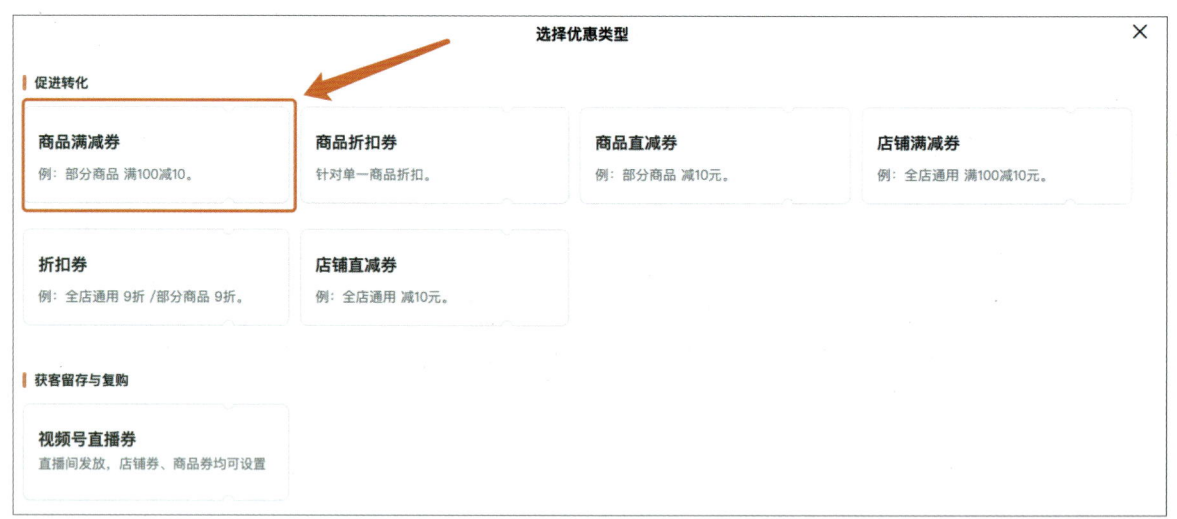

"满减券"设置示例

最上方的价格栏,输入"满49元减48元",这样的话就能让标价49元的商品以1元的价格购买。"发放张数"与私域客户的数量保持一致,"每人限领"一定要设置为1张。有效期等信息可以视具体需求填写,最后添加商品,点击"创建"即可完成福利商品的设置。

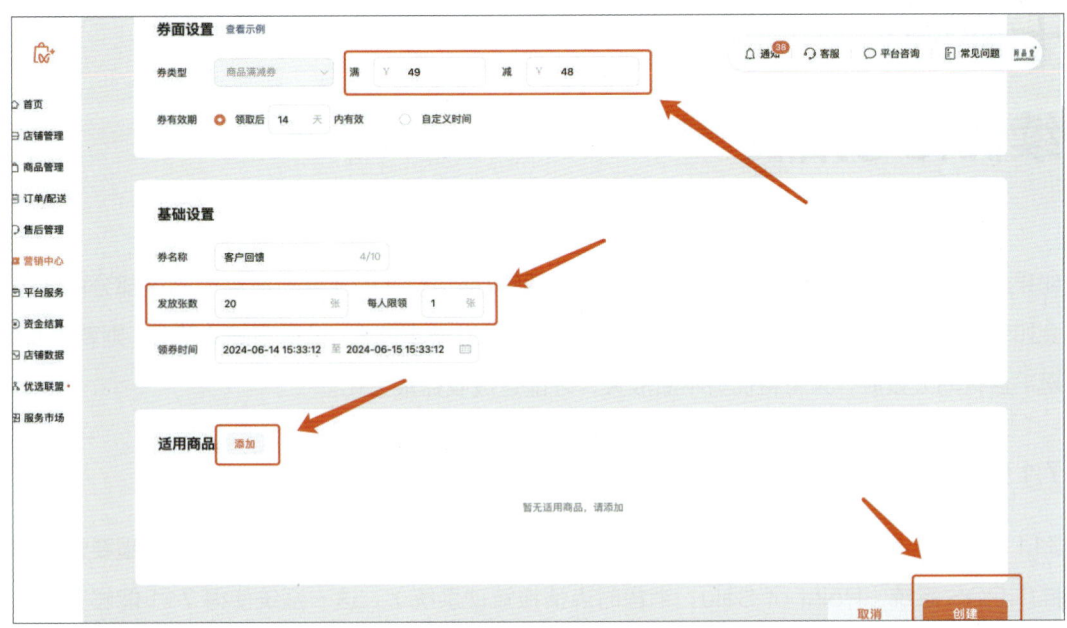

"价格"设置示例

生成好产品后,来到微信小店的后台,以移动端为例,在右上角找到分享的图标,选择朋友圈想要分享的好友(客户)即可。

产品"分享"示例

第七部分：
持续优化与拓展

如果您跟着本书的内容一路走下来，相信您已经取得了些许的成就。在最后的这部分内容中，您将学会如何对自己进行阶段性地复盘，做得好的部分，要进一步扩大；做得不好的部分，则要果断摒弃。互联网平台有马太效应，只有将优势不断放大，才能达成收益最大化。

7.1 分析与反馈

711 的创始人伊藤雅俊，在引入 711 到日本后，迅速认识到信息技术对零售业的重要性，积极采用和推广 POS 系统（Point of Sale，销售时点情报管理系统），这一系统使得 711 能够实时收集和分析销售数据，提高了库存管理和商品补货的效率，提升了整体运营效率和客户服务质量。这就是数据分析最早在零售业应用并取得成功的案例。对于从传统的线下生意转型到线上的商家，也要对互联网平台所带来的客户，以及他们的销售行为进行记录和分析。哪怕是前期只涨粉不做营销，也要对用户的喜好、身份、行为进行归纳和了解。

7.1.1 利用数据反馈优化营销策略

登录微信小店网页端，找到"店铺数据"，点击"电商罗盘"。

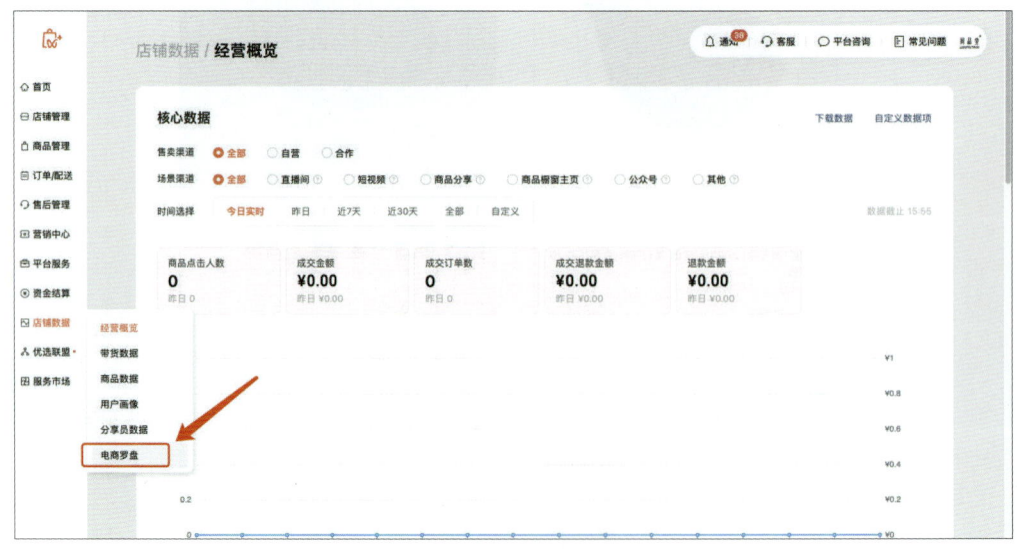

"店铺数据"界面示例

在跳转后的页面，我们能够看到店铺销售数据的各项指标。以人群分析为例，点击最下方的"人群"，在上方的时间栏里可以输入最长 1 个月的时间段。系统随即会显示出微信小店下单的客户群体的人群特征总览。比如，我们近一个月内的客户为北京地区的偏多，客单价为 100~299 元的产品占比居多，我们就可以在日后的直播或者私域活动中，将北京地区的人群作为主要引流对象，同时小店多准备一些 100~299 元客单价的产品。

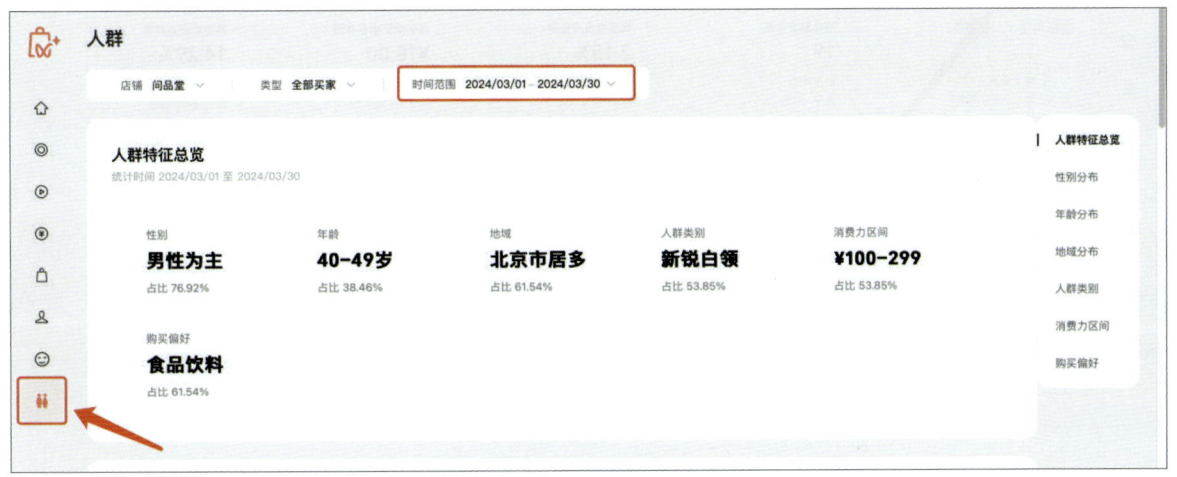

"人群"界面示例

再以商品分析为例，点击"商品"，找到"商品概览"，然后输入近一个月的时间段，下拉可找到"重点关注优秀商品"，我们就能看见"成交金额高""成交件数多""点击支付率高"三个排名，这三个排名里的商品都可以作为主推商品。针对这种情况，我们可以进一步优化价格和产品图片，提高商品的成交率。

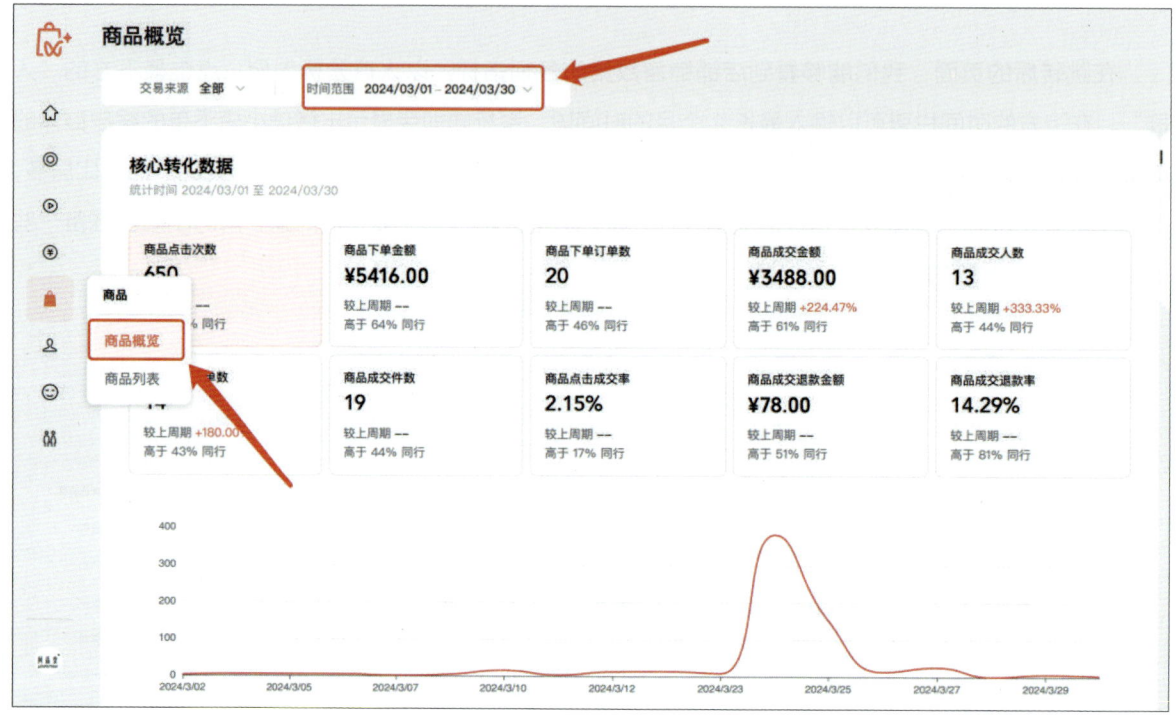

数据概览示例

"焦点关注优秀商品"示例

"商品"和"人群"是两项最重要的指标,"电商罗盘"中还有很多其他选项,我们可以根据自身需求去查询。

7.1.2 客户反馈的收集与应用

除了从电商罗盘中来获得数据，我们还可以直接从用户的文字反馈，也就是用户的评论中来获得数据。通常来说，用户的直接评论是最准确的，也是最值得我们据此来进行优化改进的。能够找到用户评论的方式有以下三种。

1. 商品评论区

商品评论区的评论都是客户对茶叶的最直观的感受，比如这款茶是否实惠，是否口感好，是否有复购意愿。

2. 直播间评论区

有的时候，老客户会来直播间的评论区发表评论。比如，他们会说之前买过的那款红茶味道很好，或者之前买过的绿茶还想再买一些，问主播这里还有没有货。评论区收到反馈最多的产品，有可能就是潜在客户群体较广的一款，有成为主推款的潜力。

3. 私域客户咨询

一些添加到私域账号的客户，可能会主动询问，之前买过的茶喝着不错，是否还能再买一些。也有可能会指定特定的产品，咨询是否有货。

"商品评价"示例

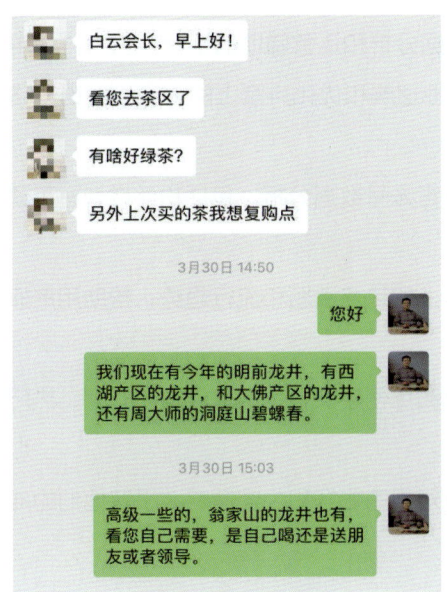

客户咨询示例

7.2 持续教育与资源

本书接近尾声了，在这里笔者鼓励所有打算在线上打造 IP 的中小茶叶企业的老板们，前期一定要亲自上阵，千万不能当甩手掌柜。一个账号，只有亲自完成从 0 到 1 的搭建过程，才能了解视频号、抖音、小红书这些平台的机制。当对这些平台的机制完全了解后，在未来的 5 年甚至 10 年内，我们都能找到适合自己的线上发展目标。

7.2.1 推荐进阶学习资源

对于经营传统生意的企业，可能从未接触过自媒体所需要的技能，如选题、策划、文案、拍摄剪辑、设计排版等，账号在前期阶段经常需要 1~2 个人完成一个团队的工作量，为了能帮助读者们更快上手，这里推荐一些学习性资源网站。

● 图片/视频素材：Pexels（免费）

Pexels 是一个免费图库和视频库网站，提供高质量的照片和视频，供个人和商业用途使用。用户可以在网站上浏览、下载并使用这些资源，而无需担心版权问题。它有以下特点。

1. 高质量的内容。所有照片和视频都经过严格挑选，确保质量和创意性。

2. 免费使用。所有资源都可以免费使用，无需支付任何费用或注册。

3. 丰富的分类。Pexels 提供了各种各样的图片和视频类别，方便用户找到所需内容。

4. 全球贡献者。Pexels 的资源来自全球各地的摄影师和创作者，提供多样化的视角和主题。

5. 搜索和发现功能：用户可以通过关键词搜索、标签浏览以及推荐功能，轻松找到相关的图片和视频。

● 账号运营：抖查查（需付费）

抖查查是一个专注于抖音数据分析和运营辅助的平台。它为抖音用户和营销人员提供了全面的数据分析和运营工具，帮助他们更好地理解和优化抖音上的内容和营销策略。以下是抖查查的一些主要功能和特点。

1. 数据分析。提供详细的抖音账号数据分析，包括粉丝增长、互动率、视频播放量等，帮助用户了解账号表现和受众行为。

2. 热点监控。实时监控抖音上的热点话题和流行趋势，帮助用户抓住最新的热点和流行内容，提升内容的曝光度和互动率。

3. 内容优化。提供内容创意和优化建议，包括最佳发布时间、热门标签推荐等，帮助用户提高内容的吸引力和传播效果。

4. 竞品分析。对比分析竞争对手的账号和内容策略，了解他们的成功之处和不足之处，优化自身的运营策略。

5. 粉丝画像。详细分析粉丝的性别、年龄、地区和兴趣等信息，帮助用户更好地了解受众，制定更加精准的营销策略。

6. 商机挖掘。帮助用户发现潜在的商业合作机会和优质的推广资源，提升商业价值和变现能力。

7. 数据报告。生成可视化的数据报告，帮助用户直观地了解运营效果和数据变化，便于决策和策略调整。

● 视频剪辑：剪映（需付费）

剪映是一款由字节跳动公司开发的视频编辑应用，广受欢迎，特别是在短视频制作和社交媒体内容创作领域。剪映的一些主要功能和特点有：

1. 用户友好的界面。剪映具有直观、简洁的用户界面，方便初学者和专业用户快速上手进行视频编辑。

2. 丰富的编辑工具。视频剪辑：提供精准的视频剪切、分割、合并等基本编辑功能。滤镜和特效：拥有多种滤镜、特效和转场效果，提升视频的视觉效果。文字和字幕：支持添加多样化的文字和字幕样式，增强视频的信息表达。音乐和音效：内置丰富的音乐库和音效，用户可以轻松为视频添加背景音乐和音效。贴纸和表情：提供多种动态贴纸和表情，让视频更加有趣和生动。

3. 高级功能。绿幕抠像：支持绿幕抠像功能，用户可以更换视频背景，实现特效制作。速度控制：可以调节视频的播放速度，包括慢动作和快动作效果。画中画：支持画中画功能，允许在视频中嵌入其他视频或图片。

4. 高质量输出。剪映支持高分辨率的视频输出，确保编辑后的视频质量不受损失。

5. 跨平台支持。剪映不仅支持移动端（iOS 和 Android），还有适用于 PC 和 Mac 的桌面版本，方便用户在不同设备上进行视频编辑。

6. 社交分享。用户可以直接将编辑好的视频分享到抖音、快手、微信等社交平台，方便快捷。

● 制图排版：可画（需付费）

可画（Canva）是一款流行的在线设计工具，适用于创建各种图形和视觉内容。以下是可画的一些主要功能和特点：

1. 用户友好的界面。可画的界面设计直观易用，即使没有设计经验的用户也能轻松上手。

2. 丰富的模板库。提供大量的预设模板，涵盖社交媒体帖子、海报、名片、简报、邀请函等多种设计需求，用户可以根据需要进行选择和自定义。

3. 多样化的设计元素。图像和照片：内置海量的图片库，用户可以直接使用高质量的图片素材。字体和文字：提供多种字体和文字样式，用户可以根据设计需求进行选择和调整。图标和插图：拥有丰富的图标和插图素材，方便用户添加到设计中。

4. 拖放式编辑。用户可以通过简单的拖放操作，自由调整元素的位置和大小，轻松创建复杂的设计。

5. 协作功能。支持多人实时协作，用户可以邀请团队成员共同编辑设计，提高工作效率。

6. 云端存储。所有设计都保存在云端，用户可以随时随地访问和编辑自己的作品。

7. 下载与分享。支持多种格式的下载选项，包括 PNG、JPEG、PDF 等，用户可以根据需求选择合适的格式。还可以直接分享作品到社交媒体平台。

8. 专业设计功能。可画还提供一些高级功能，如背景移除、品牌工具包等，适合有专业需求的用户和团队。

9. 多平台支持。可画可以在网页端使用，也有适用于移动设备（iOS 和 Android）的应用，方便用户在不同设备上进行设计。

7.2.2 持续关注行业发展与技术进步

自 ChatGPT 上线以来，国内外各种 AI 工具层出不穷。学习 AI 对自媒体创作者来说至关重要，因为它能彻底改变你的创作方式。想象一下，你的内容创作不再是费时费力的过程，而是充满效率和创意的旅程。AI 工具能帮你快速生成引人入胜的文字、图片和视频，让你的作品更加精彩纷呈。通过自动化处理那些烦琐的重复性任务，你可以将更多时间和精力投入创意和创新上。我在这里向各位读者推荐一些值得去学习的 AI 工具：

● 图片生成：Stable Diffusion（免费）

Stable Diffusion 是一种基于深度学习的生成模型，特别用于生成高质量的图像。

优点：

1. 高质量图像生成。能够生成高清、细节丰富的图像，适用于各种创意和设计需求。

2. 多样性和创造性。生成的图像在风格和内容上具有很大的多样性，能够满足不同的艺术和商业需求。

3. 稳定性。与一些其他生成模型相比，Stable Diffusion 在训练过程中表现出更高的稳定性，较少出现模式崩溃的现象。

4. 开源和社区支持。模型和代码通常是开源的，研究人员和开发者可以自由使用、修改和改进，促进了技术的快速发展。

缺点：

1. 计算资源需求高。训练和生成高质量图像需要大量的计算资源，对硬件要求较高。

2. 生成时间较长。由于需要逐步去噪，生成图像的过程可能比较耗时，不如一些快速生成模型高效。

3. 复杂度高。模型结构和训练过程相对复杂，需要深入的专业知识和经验才能有效使用和优化。

4. 依赖大量数据。训练需要大量高质量的图像数据，对于数据准备和预处理要求较高。

● 视频生成：Stable Video Diffusion（免费）

Stable Video Diffusion 是一种用于生成视频内容的扩散模型，基于 Stable Diffusion 技术，主要用于生成高质量的视频序列。

优点：

1. 高质量视频生成。能够生成高清、细节丰富的视频序列，适用于各种创意和设计需求。

2. 时间一致性。保证生成的视频在时间维度上的一致性和连贯性，避免帧间跳动和不连贯现象。

3. 适用广泛。适用于电影制作、广告创作、虚拟现实等多个领域，应用场景丰富。

缺点：

1. 计算资源需求高。生成高质量的视频序列需要大量的计算资源，对硬件要求较高。

2. 生成时间较长。由于需要逐步去噪和生成多个帧，视频生成过程可能比较耗时，不如一些快速生成模型高效。

3. 存储需求高。生成的视频文件较大，对存储空间的需求高，增加了数据管理的复杂性。

附录：

附录一：视频号常用术语一览表

类 型	术 语	释 义
用户行为与反馈	痛点	用户在使用产品或服务时遇到的问题或需求
	画像	根据用户数据和行为构建的用户形象和特征
	完播率	指视频或音频内容被观看或听完的比例
	沉淀	积累和保存有价值的信息、经验或资源
	养号	通过持续发布内容和互动来增加账号的粉丝
	出圈	突破传统界限或扩大影响范围
	DAU	Daily Active User 日活跃用户，一天内使用产品或服务的独立用户数
	MAU	Monthly Active User 月活跃用户，一个月内使用产品或服务的独立用户数量
	PCU	Peak Concurrent Users 峰值同时在线用户，指在特定时间内同时在线的最高人数
	CCU	Concurrent User 同时在线用户，指在特定时间内同时在线的用户数
	促活	促进用户参与和活跃度，提高用户黏性
	用户黏性	用户对产品或服务的黏着程度和忠诚度
	核心诉求	用户的主要需求或关注点
	种子用户	最早采用和支持产品或服务的用户
	潜在用户	具有成为"付费用户"潜力的普通用户
	铁粉	对品牌或 IP 高度忠诚并积极参与互动的用户

类型	术语	释义
内容与创作	选题	选择适合目标受众的内容主题或话题
	拼接	将多个小片段或元素组合成完整的内容
	串联	将不同的要素或环节连接起来形成连贯的整体
	合集	将多个相关内容组合成一个集合或系列
	UGC	User Generated Content 用户生成内容，指由用户创造和分享的内容
	PGC	Professional Generated Content 专业生成内容，由专业创作者或团队创作的内容
	OGC	Occupationally-generated Content 官方生成内容，由品牌或机构创作和发布的内容，也称为职业生产内容，指通过具有一定知识和专业背景的行业人士生产内容，并领取相应报酬
	共创	与用户或其他合作伙伴一起进行创作或合作
	内部定位	确定内容的目标受众和传达的核心信息
数据与分析	复盘	对过去的活动、计划或决策进行总结和反思
	ROI	Return On Investment 投资回报率，衡量投资获得的收益与成本的比例
	调性	对品牌、内容或营销活动的风格和语气的确立
	推荐机制	根据用户的兴趣和行为向其推荐相关内容
	SEO	Search Engine Optimization 搜索引擎优化，通过优化网站以获得更高的搜索排名
	关键词	用于搜索引擎优化（SEO）或广告投放的重要词汇
	抓手	吸引用户注意力的独特亮点或特色
	壁垒	指阻碍其他竞争者进入市场或领域的障碍

类型	术语	释义
运营与管理	矩阵	指不同平台、渠道或维度之间的关联和组合
	人设	指在网络上塑造的虚拟角色或个人形象
	垂直	指特定的行业或领域
	打通	消除障碍并建立有效的沟通和合作关系
	起号	创建并运营一个新的社交媒体账号
	账号权重	衡量账号在平台上的影响力和重要性的指标
	圈层	具有相似特征或需求的用户群体
	中台	指企业内部的中间平台或服务，连接不同的业务部门
	落地	将计划、策略或想法付诸实施并取得效果
	闭环	消费者认识、熟悉、购买都在一个平台
	对标账号	参考其他类似或成功账号的数据和经验
	私域	品牌或 IP 的自有的用户池，通过自有渠道与用户直接沟通和互动
市场与趋势	爆点	触发用户兴趣和参与的关键因素
	网感	指用户对产品或服务的整体感觉和印象
	头部	指在某领域具有领导地位的企业或个人
	KOL	Key Opinion Leader 关键意见领袖，具有影响力的网络名人或专家
	KOC	Key Opinion Consumer 关键意见消费者，积极参与和推广产品的普通用户
	UED	User Experience Design 用户体验设计，关注于提供良好用户体验的设计方法
	B2C	Business to Consumer 商业对消费者，企业直接向消费者销售产品、服务
	B2B	Business to Business 商业对商业，指企业之间的交易和合作
	风口	指市场或行业发展的热点和机遇
	蓝海	没人知道，也没有人买，卖的商家也少
	红海	知道的人多，买的人多，卖的商家更多

类型	术语	释义
其他	触点	用户与产品或品牌进行互动的各种接触点
	漏斗	指用户转化过程中不同阶段的转化率和流失情况
	脱敏	处理个人数据以保护隐私和安全
	去标识化	删除或替换个人身份信息以匿名化数据
	自营	品牌或者平台自己运营的店铺
	联营	品牌和平台一起运营的店铺
	品效合一	追求同时提升品质和效率
	头部效应	对企业或品牌发展最有利的效益

附录二：直播禁忌语一览表

新手直播时由于对违禁词敏感度不够，一不小心违禁词就会脱口而出，导致直播间莫名其妙被平台停播，严重影响直播效果。

以下是直播违禁词一览表，方便随时查看，尽可能记住，避免一不小心触及平台规则。这些违禁词适用于电商直播带货，非电商类直播往往也须格外注意。

类　型	禁忌语
与"最"有关	最、最佳、最具、最爱、最赚、最优、最优秀、最好、最大、最大程度、最高、最高级、最高档、最奢侈、最低、最低级、最低价、最底、最便宜、市场最低价、最流行、最受欢迎、最时尚、最聚拢、最符合、最舒适、最先、最先进、最先进科学、最先进加工工艺、最先享受、最后、最后一波、最新、最新科技、最新科学
与"一"有关	第一、中国第一、全网第一、销量第一、排名第一、唯一、第一品牌、NO.1、TOP.1、独一无二、全国第一、一流、一天、仅此一次（一款）、最后一波、全国X大品牌之一、王牌、领袖品牌、世界领先、领导者、缔造者、创领品牌、领先上市、至尊、巅峰、领袖、之王、王者、冠军
与"级/极"有关	首个、首选、独家、独家配方、全国首发、首款、全国销量冠军、国家（国家免检）、国家领导人、填补国内空白、国家级（相关单位颁发的除外）、国家级产品、全球级、宇宙级、世界级、顶级（顶尖/尖端）、顶级工艺、顶级享受、极品、极佳（绝佳/绝对）、终极、极致 绝对、大牌、精确、超赚、领导品牌、上市、巨星、著名、奢侈

类 型	禁忌语
与"虚假"有关	史无前例、前无古人、永久、万能、祖传、特效、无敌、纯天然、100%、点击领奖、恭喜获奖、全民免单、点击有惊喜、点击获取、点击转身、点击试穿、点击翻转、领取奖品涉嫌诱导消费者秒杀、抢爆、再不抢就没了、不会更便宜了、错过就没机会了、万人疯抢、全民疯抢/抢购、卖/抢疯了
与时间有关，但未给出具体时间	今日、今天、几天几夜、倒计时、趁现在、就、仅限、周末、周年庆、特惠趴、购物大趴、闪购、品牌团、精品团、单品团（必须有活动日期）严禁使用随时结束、随时涨价、马上降价
权威性词语	国家XXX领导人推荐、国家XX机关推荐、国家XX机关专供、特供等借国家、国家机关工作人员名称进行宣传的用语，质量免检、无须国家质量检测、免抽检等宣称质量无须检测的用语，老字号、中国驰名商标、特供、专供
无官方文件证明的功效类用语	全面调整人体内分泌平衡；增强或提高免疫力；滋阴补阳；壮阳；抗炎；活血；解毒；抗敏；特效；高效；全效；强效；速效；速白；一洗白；XX天见效；XX周期见效；超强；激活；全方位；全面；安全；无毒；溶脂、吸脂、燃烧脂肪；瘦身；瘦脸；瘦腿；减肥；延年益寿；提高记忆力；消除；清除；化解死细胞去（祛）除皱纹；平皱；修复断裂弹性（力）纤维；止脱；迅速修复受紫外线伤害的肌肤；破坏黑色素细胞；阻断（阻碍）黑色素的形成；丰乳、丰脚；改善（促进）睡眠；舒眠等
迷信用语	带来好运气、增强第六感、化解小人、增加事业运、招财进宝、健康富贵、提升运气、有助事业、护身、平衡正负能量、消除精神压力、调和气压、逢凶化吉、时来运转、万事亨通、旺人、旺财、助吉避凶、转富招福等

附录三：茶叶直播话术案例（模板）

如果读者已经完成了本书所介绍的从起号到不挂车直播的所有尝试，并且想挑战一下挂车的电商直播，可以参考下面一场连续五个产品的直播话术："西湖狮峰龙井茶""一尺雪·白毫银针""荒野小白·贡眉""红色妖姬·晒红茶""熟年纪·大红柑普洱茶"，这套模板可以套用到绝大多数茶品的直播中。

对于新手来讲，我们要像写作文一样先提炼产品的核心卖点来编写产品的直播话术，再结合自己的具体产品，将提炼的要点转化成完整的直播话术脚本。一般来说，我们介绍产品的时候也要顺带介绍一下自己是谁或者自己的直播间是什么，以方便让刷进来的观众快速了解我们。

茶品直播内容顺序与产品话术提炼

1. 转品	由上一个产品转入下一个产品
2. 产品简介	名称、品类、等级、年份、稀缺性等
3. 直播间优惠价格	包装规格、产品组合、优惠价格等
4. 上车	数量、几号链接
5. 茶样与快递	快递公司、运费险、有无试喝茶样等说明
6. 细说干茶	条索、色泽、香气等
7. 现场冲泡	茶器选择、水温高低、出汤时间、茶汤颜色等
8. 闻湿茶香气	湿茶香气、杯盖和杯底等
9. 品鉴茶汤	滋味描述等
10. 展示叶底	条索、嫩度、匀整度、色泽等
11. 产地优势	细说产地生态特点和优势
12. 扩展介绍	保质期、保存方法等
13. 检验报告	展示检验报告并强调农药残留达标或未检出等
14. 最后一次促单	重复介绍价格、稀缺性，最后一次促销下单

【直播案例一】：西湖狮峰龙井茶

1. 转品

"接下来我给茶友介绍我们的另一款产品，大名鼎鼎的西湖狮峰龙井茶，它可是中国十大名茶之首，历史上赫赫有名，几百年来一直受到帝王将相、文人雅士、才子佳人的青睐。今天主播给大家带来的是一款来自西湖核心产区的狮峰龙井。"

2. 产品简介

讲的同时打开包装，把茶叶倒在茶荷里。

"我现在给大家讲的呢，是我们家的1号链接，狮峰龙井茶。

"这款狮峰龙井茶，产自西湖龙井茶的核心产区——翁家山，翁隆顺景记茶庄出品，是由西湖龙井茶非遗代表性传承人翁力文老师全手工炒制的。

"翁家山村，位于杭州西湖的西南侧，因古时山中村子翁姓者居多，故名翁家山，与杨梅岭、满觉陇、白鹤峰一起被本地人称为'石屋四山'，历来是登高望西湖和赏桂品茗的好去处。

"翁隆顺景记的翁力文老师经过数十年的实践，积累了一整套精湛的制茶工艺，传统炒功以'抖、带、挤、甩、挺、拓、磨、扣、压、抓'等手法为特色，经过这样的炒制才达到龙井茶的'金边绿叶'的特色。

"翁力文老师的狮峰龙井茶还保持着传统的收灰工艺，将新茶经过数次复炒后放进置有生石灰的缸中贮藏，并及时更换生石灰。因为龙井茶的干茶吸湿性很强，经过收灰处理的狮峰龙井茶，茶叶不易变质失风，保鲜时间更长，口感也更醇。

"翁家山的西湖龙井茶属于龙字号。现在属于狮峰龙井茶核心产区，有茶园1054亩。这里的茶园管理在西湖街道名列前茅，每年采摘最早。

"这款翁力文老师的全手工西湖龙井茶，干茶呈糙米色，外形紧实、扁平，茶叶重实、耐泡，香气馥郁，滋味甘鲜醇和。"

3. 讲直播间的优惠价格

"这款明前头采的翁家山全手工狮峰龙井茶，今天一包100g只要XXX元，咱们懂狮峰龙井茶的茶友们呢，知道这个性价比很高，尤其是全手工的狮峰龙井茶，而且还是西湖龙井茶非遗传承人炒制的，通常价格都在XXX元，而我们的价格不到他们的三分之一，但是，我们并不是一直都有货，每天直播只上20单，就是想以极具性价比的价格给大家做福利。"

4. 上车

"这款翁力文老师全手工狮峰龙井茶，今天就上20单，在右下角小黄车里的1号链接。20单如果抢光了，就只能等明天了。20单看似很少，但你可能不知道，这是一位炒茶大师全手工一天的产量，所以全手工茶产量很小，确实弥足珍贵。"

5. 讲快递与试喝茶样

"我们的产品都是由京东快递（或顺丰，或其他）发货。这款高货全手工西湖狮峰龙井茶，因为稀缺，我们不提供茶样试喝，所以茶友下单请慎重。但我们为产品上了运费险，如果你收到产品后，想法变了，不想要了，只要罐子上的标签没有开封（或是原包装没有破坏），是可以7天无理由退货的，你也不用承担运费的。"

6. 细说干茶

主播手拿茶荷，展示干茶。

"大家可以看看啊，这款狮峰龙井茶，干茶外形扁平光润、挺直尖削，色泽嫩绿鲜润，条索匀齐、洁净。"

主播展示完干茶后准备泡茶。

7. 现场冲泡

"这款茶呢,我现在就给大家冲泡一下看看它的汤色。"

主播边冲泡边讲解。

"西湖龙井茶建议用85℃的水温冲泡,有研究机构做过测评,85℃的水温冲泡西湖龙井茶,感官评审得分最高。还有茶友曾问我冲泡西湖龙井要不要洗茶?如果你担心茶叶里有灰尘,不洗不卫生,西湖龙井也是可以洗茶的,但不能像黑茶、普洱茶等用100℃的开水冲洗,西湖龙井茶用常温水(20℃—30℃)冲洗一下,去去灰尘即可。用常温水快速冲洗龙井茶,不会造成茶叶内含物的损耗。

"泡这款狮峰龙井茶呢,第一泡时间为70秒左右,最好采用月牙杯或茶水分离器把它滤出来,可以品尝到第一泡的清香甘醇。"

主播把月牙杯端起来,镜头给出特写展示。

"茶友们可以看一下啊,它的茶汤是嫩绿、清澈、明亮;芽叶舒展开后,细嫩成朵、匀齐、嫩绿明亮,令人赏心悦目。"

8. 闻湿茶香气

主播端起月牙杯,闻香气。

"香气表现为嫩香,并带有清花香,非常优雅,令人着迷。"

9. 品鉴茶汤

"我来品一口。

"鲜爽甘醇,是典型西湖龙井茶的滋味,这里我给茶友们讲一下,西湖龙井茶的滋味不是越浓越好,而是味醇甘爽,也就是味道醇和,鲜爽回甘,才是正宗的西湖龙井茶滋味特征。"

10. 展示叶底

"我再看看茶底。

"大家可以看到,叶底的特征为条形细嫩,说明采摘等级很高。形状呢,如绽放的花朵,有很好的观赏性;叶底的颜色是嫩绿明亮的,充满了活性,从叶底可以看出这款西湖龙井加工工艺完美,综合品质很高,是一款值得拥有的好茶。"

11. 讲产地优势

"翁家山村的龙井茶园有其得天独厚的生态条件,北有天竺山和北高峰耸峙,既能挡住寒冷的西北风,又能吸进南来的湿润空气,不使散失,让翁家山一带的山谷保持着充分的湿度和温度,经常在雾气的笼罩中。加上山谷中林木茂盛,溪涧纵横,土壤肥沃,以酸性沙黄土为多,结构疏松,通气透水良好,含磷、钙、镁等丰富矿物,让茶树得以充分滋养,气质高雅,嫩香伴有清花香,味醇甘爽。很多茶友都说,狮峰龙井茶是西湖龙井茶的'天花板'。"

12. 扩展介绍

"这款翁力文老师的全手工西湖狮峰龙井茶,茶友们拍回家,如果每天都喝它,放在阴凉干燥无异味的地方就可以了,但要注意密封避光。如果不是马上喝,建议放到冰箱里冷藏,可以有效防止西湖龙井茶品质的退化,鲜爽度可以保持更长久一些。"

13. 展示检验报告

若有检验报告,展示出来,并强调这款茶的安全性。

14. 最后一次促单

"所以喜欢的茶友们,咱们一定要把这款茶拍了,因为这款全手工西湖狮峰龙井茶,数量非常稀少,今天直播只上20单,每天仅限20单,前两天有个茶友收到品尝后,第二天又拍了3单,所以今天只要你能拍到,就代表这款茶还有生产,但清明很快就到了,过了清明节,时令也就过了,就不是明前茶了,人间那一口美味就错过,只能等明年了。

"我看到现在还有5单,茶友们抓紧时间,这款翁力文老师的全手工西湖狮峰龙井茶,单纯的就是跟大家交个朋友,价格已经是地板价了。性价比好得不得了。"

【直播案例二】：一尺雪·白毫银针

1. 转品

"好了，这款翁力文老师的全手工西湖狮峰龙井茶我就介绍这么多，还没有下单的茶友，不要再犹豫了，1号链接，还有最后的5单，今天的价格真的很优惠、很真诚的，错过了今天，以后很难说再有这样的优惠程度。

"接下来我再给茶友介绍我们的另一款产品，一款陈年的老白茶：一尺雪·白毫银针，茶友们都知道，白毫银针是白茶中的贵族，完全由单个芽头加工而成，干茶条索白毫密布，挺直似针。而这款一尺雪·白毫银针，原料年份是2012年的，距今已经有十几年的储存陈化时间，十足的一款老白毫银针，堪称白茶中的天花板。"

2. 产品简介

讲的同时打开包装，把茶叶倒在茶荷里。

"我现在给大家讲的呢,是我们家的1号链接,一尺雪·白毫银针。

"一尺雪是一款老白茶,是原料年份为2012年的白毫银针,白茶中的高货。

"这款茶我在线下招待茶友也很少拿出来,一般都是一些重要的客户或好朋友才有机会品尝。

"这款白毫银针原料年份是2012年的,在北京的干仓里存放了12年,因为我个人喜欢老白茶,早年时候收藏的。"

介绍老白茶的概念。

"说到这里,我给茶友们科普一下老白茶的定义。针对老白茶,福建海峡两岸茶业交流协会发布了一个团体标准。

"标准中明确规定了经缓慢氧化,自然陈化五年及以上、明显区别于当年新制白茶、具有'陈香'或'陈韵'品质特征的白茶才能算作老白茶。

"所以我这款存放了12年的白毫银针是完全符合对老白茶的定义的。"

讲存储年份及稀缺性。

"年份这么久的老白茶,可以称为高货了,这款茶我在举办茶会的时候,也很少拿出来招待茶友。来我这里喝过这款茶的呢,或是茶叶的评审专家,或是资深茶友,他们喝过后都对这款茶赞不绝口。今天我把它拿出来放在我的直播间,和大家交个朋友,毕竟我刚开始做直播,想让大家看到我会拿出一定硬货与茶友分享,拍下我1号链接这个2012年的白毫银针的茶友,你们品尝之后再来我直播间反馈,我不会因为这一款茶叶砸了自己的名誉,相信我的茶友可以在小黄车拍下1号链接,因为我今天只上了10份,你们先去拍,然后再听我细致地给大家介绍。我现在给大家用近景展示干茶。"

3. 讲直播间的优惠价格

"这款2012年的高货老白茶,今天一罐50g只要XXX元,咱们懂老白茶的茶友们呢,知道这个性价比很高,价格都不用我多介绍,我可以给茶友们展示一下(拿出手机,展示网上商城的同品价格),某平台上面某知名品牌'某雪芽',他们家2016年的白毫银针,56g卖XXX元,而我这款12年的白毫银针,价格不到他们的十分之一,但是,我们并不是一直都有货,每天直播只上10单,就是想以惊人的性价比给大家做福利。

"如果你拍2袋100g呢,性价比更高一些,只要XXX元,这款茶就在我们小黄车的一号链接,喜欢的茶友直接去拍就行了。"

4. 上车

"这款2012年的一尺雪·白毫银针,现在给大家上车,今天就上10单,在右下角小黄车里的1号链接。10单如果抢光了,就只能等明天了。"

5. 讲快递与试喝茶样

"我们的产品都是由京东快递(或顺丰,或其他)发货,而且都有运费险的,如果你收到产品后,不喜欢,只要罐子里的封口纸没有打开(或是原包装没有破坏),是可以7天无理由退货的,你也不用承担运费的。"

如果支持试喝就讲一下试喝的茶样，没有就不讲。

6. 细说干茶

主播手拿茶荷，展示干茶。

"大家可以看看啊，陈年的白毫银针老白茶，它的干茶条索呢都是单个芽头，芽头上茶毫密布。由于经历了12年的陈化，茶毫已经由当初的白色变成了灰色，（将茶盒端起来靠近鼻腔）闻起来毫香扑鼻，令人着迷。"

主播展示完干茶后准备泡茶。

7. 现场冲泡

"这款茶呢不仅从外观看起来有年代感，喝起来也是地地道道的陈年老白茶的味道，我现在就给大家冲泡一下看看它的汤色。"

主播边冲泡边讲解。

"老白茶建议用100℃的沸水冲泡，要洗茶的，第一道不喝，迅速倒掉。

"泡这款茶呢坐杯10秒以上，因为老白茶是可以多焖一下的，它的茶汤也会更加金黄一些。"

主播把盖碗里（或紫砂壶）的茶汤倒入公道杯里，拿到近景准备展示。

"茶友们可以看一下啊，它的茶汤是金黄透亮的，茶汤里布满了白毫。"

此处用手电打光，近景看茶汤中的茶毫。

"干仓陈放了12年的白毫银针，它的茶汤品质令人赏心悦目。"

8. 闻湿茶香气

主播端起盖碗，先闻杯盖的香气，再闻杯底的香气。

"香气馥郁，花蜜香明显，是陈年白毫银针的典型风格。"

9. 品鉴茶汤

"我来品一口。它喝到嘴里后是典型的毫香蜜韵，而且滋味比新白茶更醇和，回甘也是更强，满口生津，我现在嘴里都是果香，并有典型的花蜜香。

"所以啊茶友们，这款茶我今天卖 50 克 XXX 元都不过分吧。"

10. 展示叶底

"我再给大家看看茶底。

"大家可以看到，这款老茶在冲泡后呢，它的叶底芽头匀整，条索肥壮、饱满，有光泽，油润有活性。色泽是深灰色，典型老白茶的特征，表示这款茶已经陈化了多年，真实不虚。"

11. 讲产地优势

"这款一尺雪·白毫银针，来自福鼎白茶的核心产区——福鼎市的磻溪镇。

"磻溪镇，被誉为福鼎白茶的'贵族府邸'。这里海拔高、气温低，早晚温差大，茶树能够积累丰富的营养物质。磻溪的土壤更是富含各种营养，让茶树得以充分滋养。磻溪白茶气质高雅，香气绵长，毫香蜜韵，回甘持久。很多茶友都说，磻溪白茶是白茶'天花板'。"

12. 扩展介绍

"这款一尺雪 2012 年的老白毫银针，茶友们拍回家，密封避光放在阴凉干燥无异味的地方，是可以长期保存的，不用担心保质期，因为白茶的国家标准中，明确规定白茶可以长期保存的，没有保质期。存放过程中，茶叶的内质每年都会发生转化——缓慢氧化，自然陈化，所以在多年以后再拿出来喝，还会有新的惊喜。"

13. 展示检验报告

若有检验报告，展示出来，并强调这款茶的安全性。

"当我决定在抖音上与茶友们分享这款茶时，为了让茶友们买得放心，我自费把这款老白茶，送到了第三方检测机构进行检测，这款老茶的农药残留项都未检出，是非常干净安全的一款茶，茶友们可以放心去喝。"

14. 最后一次促单

"所以喜欢的茶友们，咱们一定要把这款茶拍了，因为这款我个人收藏的老白茶，数量非常稀少，卖一单少一单，今天直播只上10单，每天仅限10单，前两天有个茶友收到品尝后，第二天又拍了3单，所以今天只要你能拍到，就代表这款茶还有库存，拍下收到后，你喝了就知道我推荐的这款福利茶品，性价比是多么高。

"我看到现在还有5单，茶友们抓紧时间，这款一尺雪·白毫银针，单纯就是跟大家交个朋友，价格已经是地板价了。性价比好得不得了。"

主播讲解价格优势，手里要拿着一尺雪的马口铁罐产品。

"这款一尺雪·白毫银针高货老白茶，今天50g只要XXX元，咱们懂老白茶的茶友们呢，知道这个性价比很高，价格都不用我多介绍，我可以给茶友们展示一下，某平台上面某知名品牌'某雪芽'，他们家2016年的白毫银针，56g卖XXX元，而我这款12年的白毫银针，价格不到他们的十分之一，但是我们并不是一直都有货，每天直播只能上10单。现在只有5单了。

"如果你拍2罐100g呢，性价比更高一些，只要XXX元，这款茶就在我们小黄车的1号链接，喜欢的茶友直接去拍就行了。"

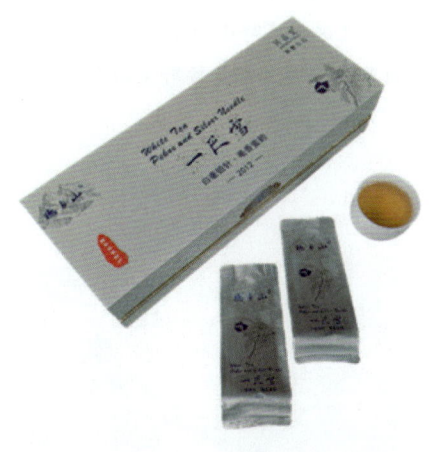

【直播案例三】：荒野小白·贡眉

1. 转品

"好了，这款一尺雪·白毫银针我就介绍这么多，还没有下单的茶友，不要再犹豫了，1号链接，还有最后的5单，今天的价格真的很优惠、很真诚的，错过了今天，以后很难说再有这样的优惠程度。

"接下来我给大家再介绍一款比较特殊的老白茶——2016年荒野小白·贡眉。"

拿出荒野小白礼盒，打开礼盒，拿出茶叶，放到茶荷里。

2. 产品简介

"直播间的茶友们，可能有些对白茶中的贡眉了解得不多，贡眉茶对茶树的品种有特殊的规定，是以群体种茶树芽叶加工制作的。这一点在白茶的国标中是明确规定的。我们这款贡眉的名字叫荒野小白，是因为鲜叶采摘于撂荒状态的群体种茶树，所以说这款荒野小白是荒野生态茶。它的年份是2016年，已经陈化了八年，也是我自己蛮欣赏的一款贡眉老白茶，市场上都是按野生白茶销售，售价也都很高。作为自然陈化八年的荒野贡眉，已经属于地道的老白茶。"

3. 讲直播间的优惠价格

"今天在我直播间,我给茶友们的价格是:豪华礼盒包装,一盒足足半斤重,只要XXX元。无论是自己想留着收藏或者是过年送亲戚朋友,都很实惠,每个礼盒配一个手提袋,另外,春节快到了,再赠送一套春联套装。"

展示礼盒和手提袋、春联礼包。

4. 上车

"这款荒野小白茶的礼盒装呢,先给上50单吧,在右下角小黄车里2号链接。"

5. 讲快递与试喝茶样

"我们的产品都是由京东快递(或顺丰等)发货,而且都有运费险的。我们家这款荒野小白·贡眉,在发货时会送一袋茶样试喝,你收到货后可以品鉴,如果喝不上,不喜欢,只要包装上封口标签没有打开(或是原包装没有破坏),是可以7天无理由退货的,你也不用承担运费的。"

6. 细说干茶

"我来给茶友们看看荒野小白的干茶,色泽深灰、有光泽,毫心洁白,两边叶缘略卷,叶面有明显的波纹,闻一闻,有一种令人欣喜的花蜜香。"

7. 现场冲泡

"我现在就给茶友们冲泡一下,让茶友们看看这款陈放了8年的荒野小白的茶汤,是一个什么样的状态。"

开始冲泡,边泡边讲。

"这款荒野小白啊,我建议茶友们用盖碗或者茶水分离杯来冲泡,投茶量5~8克都可以,建议用100℃的热水冲泡。这款茶呢15秒就可以出汤了,这是第一泡的颜色,茶汤呢是金黄色的,通体清澈透亮,茶汤中白毫密布。我给大家打光看一下（拿出一个小手电筒），这就是一款陈放时间长达 8 年的荒野贡眉茶的汤色。

"来，咱们再来看第二泡，坐杯时间 20 秒出汤，来，大家看，这个第二泡的颜色会深一些，也是金黄色，咱们还是用手电照一下，大家可以截屏放大看细节，水中也是白毫密布。"

8. 闻湿茶香气

"来，茶友们，我们来闻一闻这个湿茶的香气，首先，这个杯盖上，有梅子香，闻起来令人非常愉悦。然后你去闻这个杯底，杯底是稻谷香和果蜜香，还有一种微微的枣香，这种香气组合呢一般都是陈放超过 10 年以上的老白茶才具有的香气。"

9. 品鉴茶汤

先喝一口再讲。

"这个茶入口后啊，层次丰富，汤感馥郁。首先呢是浓浓的毫香，进入喉咙后啊，会有花蜜香和果蜜香，回甘非常饱满。"

边喝边讲，手里拿着品茗杯不放下来。

10. 展示叶底

"叶底匀整、柔软，有活性。说明存储的环境优良，后期才能转化得好。"

11. 讲优势产地

"这款茶的用料来自福鼎核心产区——管阳，原料纯正，是地道的群体种茶树鲜叶加工制作，是真正的贡眉茶。而且海拔800~1000米，属于高山贡眉，俗话说，高山云雾出好茶。况且这款茶一直在北京干仓存放近8年，北京的气候和干湿度，被公认为有利于白茶存储，转化后的综合品质优于其他地区。这款茶我不能保证价格比别人都低，但我能保证原料和工艺纯正、品质更好。"

12. 扩展介绍

"我再给茶友们讲一下如何储存老白茶。

"白茶储存要满足4个条件：（1）避光；（2）密封；（3）防潮；（4）无异味。我们存茶的时候，包装袋要首选铝箔袋，铝箔袋是非常适合存茶的，因为铝箔袋啊一般都是复合袋，可以轻易做到避光防潮。而方形礼盒装的荒野小白，是标准的三层包装：最外部是纸盒，中间用的就是铝箔衬袋，最里边还有一个透明防水的塑料袋。所以朋友们，我们这款包装，不但是送礼的佳品，也是可以直接用来储存的包装。

"这款荒野小白呢，是我推荐的仅次于白毫银针的高货老白茶，非常适合我们一些想尝试老白茶的茶友们来尝试，我给茶友们呢交流一下老白茶的知识，老白茶呢是指缓慢氧化，自然陈化五年及以上的白茶。这个5年的标准是谁定的？是由福建海峡两岸茶业交流协会制定的，这个协会是福建省最有影响力的茶叶协会，制定这个标准的时候呢，也是召集了业内的专家和非遗传承人来一起制定的，所以它们制定的这个自然陈放五年的标准，是非常具有权威性的。"

13. 展示检验报告

"茶友们，这款茶大家可以放心拍，咱们这款茶有检测报告，各项检测指标都合格，是干净安全的一款茶，可以放心喝。"

展示检验报告。

14. 最后一次促单

主播讲解价格优势，手里要拿着荒野小白的干茶茶荷。

"今天在我直播间，我给茶友们的价格是：豪华礼盒包装，一盒足足半斤重，只要XXX元。无论是自己想留着收藏或者是过年了送亲戚朋友，都很实惠，每个礼盒配一个手提袋，另外，春节快到了，再赠送一套春联套装。"

展示礼盒和手提袋、春联礼包。

"而我这款2016年的荒野小白，茶园是撂荒状态，无人管理，任其野蛮生长，由于茶树生态优势，加上数量有限，市场上多以野生茶售卖，价格往往很高。今天我诚心和大家交个朋友，价格很实惠，今天直播只能上10单。现在只有5单了。这款茶就在我们小黄车的2号链接，喜欢的茶友直接去拍。"

【直播案例四】：红色妖姬·晒红茶

1. 转品

"好了，这款荒野小白·贡眉白茶，我就介绍这么多，还没有下单的茶友，不要再犹豫了，小黄车2号链接，还有最后的2单，今天的价格真的很优惠、很真诚的，错过了今天，以后很难再有这样的优惠程度。

"接下来，我再给茶友们介绍一款我们家最受茶友欢迎的一款茶，它就是红色妖姬，一款来自云南热带雨林的古树晒红茶。"

拿出红色妖姬的马口铁罐展示。

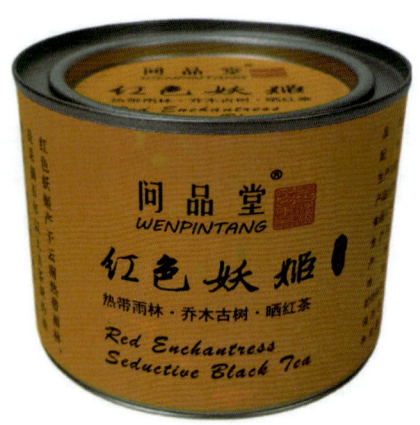

2. 产品简介

打开马口铁罐包装，将茶叶倒入茶荷里，手拿茶荷讲。

"咱们对红茶有过一些了解的茶友应该都听说过滇红，滇红呢是云南工夫红茶的别称，产于云南澜沧江沿岸。制作工艺要经过萎凋、揉捻、发酵、干燥4个步骤。"

"而我今天给朋友们带来的这款红色妖姬·晒红茶,它的工艺与滇红茶的工艺区别在于最后一个步骤。滇红茶呢,采用烘干机进行高温烘焙,而晒红茶采用的是日光自然干燥,也没有经过所谓提香的程序,这反而使得晒红茶保留了更多的活性物质,为后期转化提供了条件,因此啊,这款晒红茶突破了一般红茶 2~3 年的保质期,它可以像普洱茶一样长期保存,也会呈现出越陈越香的特有品质。它少了滇红的'浓、强'味,也没有滇红的热性,滋味更醇和,回甘强,甜香味明显,更适合多数人饮用。"

3. 讲直播间的优惠价格

"这款采用云南热带雨林大乔木古树所制作的晒红茶,是我每次招待重要客人的时候,必拿出的一款茶,这款茶线下的销售价格,一斤要 XXX 元。今天我想让从来没喝过这款茶的茶友们都能轻松品鉴到,直播间呢,1 罐 50 克只要 XX 元。"

"你如果想要收藏或者送亲戚送朋友呢,我推荐你去拍 3 罐装的,拍 3 罐也只要 XXX 元,因为过年了,我再给茶友们送一套春节对联的套装,让茶友们开心过一个快乐春节。"

4. 上车

"这款红色妖姬,先上车 50 单吧,准备好了吗? 1、2、3 上车。这款红色妖姬古树·晒红茶,在右下角小黄车里的 3 号链接。"

5. 讲茶样与快递

"我们的产品都是由京东快递(或顺丰等)发货,而且都有运费险的。我们家这款红色妖姬·晒红茶,在发货时会送一包茶样试喝,你收到货后可以先品鉴茶样,如果喝不来,不喜欢,只要包装上封口标签没有打开(或是原包装没有破坏),是可以 7 天无理由退货的,你也不用承担运费的。"

6. 细说干茶

端起茶荷，近景展示。

"来朋友们，我来给茶友们看看这款茶的干茶。"

"它的条索细长紧结，表面的色泽乌黑。在咱们直播间里喝过红茶的茶友们，我给你们讲一下，这款茶呢因为是野生茶，所以它没有金色的芽头，和你们平时喝过的台地茶制作的红茶是不一样的。所以呢，你们以后在选购红茶的时候，干茶有没有金色芽头，是辨别野生茶和台地茶的一个重要标准。"

7. 现场冲泡

"那我现在就给茶友们冲泡一下，让茶友们看看古树晒红茶的茶汤，是一个什么样的状态。"

边冲泡边讲。

"这款红色妖姬·晒红茶，我还是建议茶友们用盖碗或者茶水分离杯，或者紫砂壶来冲泡，投茶量3克即可，因为这个古树茶的内含物比较丰富，3克的干茶，茶汤的厚度就比较饱满了。"

"这款晒红茶建议用90℃的热水冲泡，红茶呢，因为经过揉捻，细胞破裂，茶汁溢出并附着表面，所以，如果用100℃的水温冲泡，内含物析出的速度会很快，茶叶内的咖啡碱被大量泡出来了，而咖啡碱呢是苦的，所以喜欢这款红茶甘甜的朋友们，咱们用90℃的水温就行了。坐杯时间呢，控制在5秒即可。"

冲泡后出汤到公道杯，展示出汤颜色。

"这是第一泡的颜色，来大家看，它的茶汤是金红色，干净清晰通透，我们再看第二泡（开始注水），第二泡咱们也是循环注水，等待10秒左右出汤，第二泡呢，它的颜色也是红艳明亮，干净清晰通透。"

"这款茶呢，我们有粉丝朋友对它的评价是非常高的，都给出了一致的好评，来，我给大家看一下我们家粉丝的评论。"

晒粉丝好评的截图。

8. 闻湿茶香气

"来,茶友们,我们先来闻这个湿茶的香气。首先,闻这个盖碗的杯盖香,这个杯盖上,有花香、果香和薯香,还兼有其他红茶都没有的奇特香气。然后你去闻这个碗底,碗底是果蜜香和花蜜香,还夹杂着一种也说不出来的奇特香气。这个香气很难形容,但是呢,有些像咱们买回家的那些热带水果,比如熟透了的杧果、香蕉、菠萝蜜等散发出的种种香气。"

9. 品鉴茶汤

先喝一口再讲。

"入口后呢,香甜啊就好像在口腔里爆发出来,然后呢,口腔和喉咙里会有一股奇特复合香气,有多种花香、多种果香,是神秘热带雨林的气息。你想形容它,却又不知道怎么表述,你搜肠刮肚,你遥想热带雨林的景象:林深泉幽,曲径青苔,藤萝密布……"

10. 展示叶底

将盖碗近景展示叶底。

"来,咱们再看看这款红色妖姬古树晒红茶的茶底。2泡之后的茶底,条索细嫩,颜色为古铜色,明亮有活性,这款茶你泡10泡以上是没问题的!"

"这款红色妖姬晒红茶呢,由于采用了日光干燥的方式,所以最大程度上保留了茶叶的活性物质,可以像普洱茶一样长期保存,越陈越香。"

"因此我们一些喜欢喝红茶的茶友呢,担心红茶喝不完,会过期,这一点呢,这款红色妖姬是完全没有这方面顾虑的!朋友们,你平时不喝的时候,把里面的袋子扎好,盖上盖子,放在密封避光处保存即可。"

11. 讲产地优势

手里拿着品茗杯边喝边开始讲产地,以及是如何发现并命名这款茶的。

"这款红色妖姬来自云南西双版纳的热带雨林,茶树树龄已经有几百年甚至上千年,所以红色妖姬是地道的古树茶,并采用了云南特有的晒红工艺加工制作的。这款茶是我前些年带团到西双版纳的六大古茶山游学时发现的。在倚邦的一户茶农家吃完饭后,在他家的茶室请我们喝的就是这款茶。当我喝第一口时,就把我惊住了，怎么还有这样奇异香气和滋味的茶叶？我当时就问他是不是加了香料物质，他却是一脸的诧异！回答我是百分之一百的纯料古树晒红茶。我问他这茶叫什么名字？他说叫作黄金茶。我问他为什么叫黄金茶？他说因为原料来自树龄几百年甚至上千年的古树，产量很少很稀缺，同时做出来的晒红茶香气和滋味又非常奇异独特，品质很难得，所以称它黄金茶。但我感觉这个名字给人一种茶叶提取物的印象，不像是原叶茶，容易产生误会，也不能反映这款晒红茶的奇异香气，所以我给它命名红色妖姬，彰显它的妖野风格，从此这款茶便以红色妖姬的名字传播开来。"

12. 扩展介绍

讲晒红茶的加工工艺与滇红的区别。拿出事先做好的 KT 版展示。

滇红茶加工基本工艺：
鲜叶 → 萎凋 → 揉捻 → 发酵 → 烘干

晒红茶加工基本工艺：
鲜叶 → 萎凋 → 揉捻 → 发酵 → 日晒干燥

"晒红茶由于采用的是日光自然干燥，也没有经过所谓提香的程序，这反而使得晒红茶保留了更多的活性物质，为后期转化提供了条件，因此啊，这款晒红茶突破了一般红茶 2—3 年的保质期，它可以像普洱茶一样长期保存，也会呈现出越陈越香的特有品质。"

13. 展示检验报告

"为了让茶友们买得放心，这款红色妖姬我也是送到了第三方检测机构进行检测，农药残留完全没有检测出来，生态环境完全没有污染，在安全性上就有了保证，茶友们呢尽可以放心拍，也尽管放心去喝。"

14. 最后一次促单

主播手里再次拿起红色妖姬的包装盒。

"这款奇异的红色妖姬古树晒红茶，是我每次招待重要客人的时候，必拿出来的一款茶，这款茶线下的销售价格，一斤要XXXX元。今天直播间呢，我想让从来没喝过这款茶的茶友们都能轻松品鉴到，1罐50克只要XX元。

"你如果想要收藏或者送亲戚送朋友呢，我推荐你拍3罐组合，拍3罐也只要XXX元，因为过年了，我再给茶友们送一套春节对联的套装，让茶友们开心过一个快乐春节。"

好，这个品我们就过了。

【直播案例五】：熟年纪·大红柑普洱茶

1. 转品

"好了，这款红色妖姬古树晒红茶，我就介绍这么多，还没有下单的茶友，不要再犹豫了，小黄车3号链接，还有最后的2单，今天的价格真的很优惠、很真诚的，错过了今天，以后很难说再有这样的优惠程度。

"接下来，我再给茶友们介绍一款也是很受茶友喜欢的一款茶，它就是大红柑陈皮普洱茶，一款来自云南和广东的柑普茶。"

2. 产品简介

边拿出样品边说。

"这款茶的商品名称叫作'熟年纪·大红柑普洱茶'。

"这款大红柑普洱茶是2016年的，在北京的干仓里存放了8年，因为我个人喜欢煮陈皮普洱茶，特别是在冬季，暖身祛寒，同时对身体还有很多养生保健的好处。因此，我在秋冬季节，每天都离不开的一款茶。

"这款年份近8年的大红柑陈皮普洱茶，外边的陈皮是广东新会的，里面的普洱茶熟茶是云南西双版纳勐海的，等级是宫廷级，内外原料都来自核心产区，在北京的干仓里存放了8年，柑香迷人，不用拆开棉纸，都能闻到浓浓的陈皮香，这是一种能够让人直接生津的香气。"

3. 讲直播间的优惠价格

"这款茶呢，平时销售价格，半斤呢都XXXX元以上，因为新会大红柑一般都是直接用来加工成陈皮的，更能体现它的价值。用大红柑作柑洱茶的不多，所以正宗的大红柑普茶，在市面上也是稀缺产品。

"今天在我直播间，我给茶友们的价格是：110g，只要XXX元！拍三罐更实惠，只要XXX元，我呢再送你一套价值XX元的新春对联套装。"

展示包装、春联礼包。

4. 上车

"这款茶先给大家上车,先给我上50单吧,右下角小黄车里的4号链接。"

5. 讲快递与试喝

"我们的产品都是由京东快递(或顺丰等)发货,而且都有运费险的。这款'熟年纪·大红柑普洱茶',在发货时会送一包茶样试喝,收到货后,先品尝这个试喝装,喜欢喝你就留下,不喜欢喝呢,在没有拆开大红柑外边的棉纸的情况下,都可以7天无理由退货的,我们每款产品都上了运费险,退货是不用承担运费的。所以您尽管放心拍。"

6. 细说干茶

"来给朋友们看看干茶:大红柑表面呈现橘黄色,有光泽,油包深而清晰,咱们直播间里啊不知道有没有懂陈皮的茶友,我给大家说一下,咱们选陈皮的时候呢,一般都是油包越深说明呢等级越好。

"来,我给大家用手电筒打一下,油包又多又密,大小比较均匀,这就是属于年份比较长品质比较好的陈皮了,在灯光下,这些透亮的小油包,像不像天上密密麻麻的星星?所以啊,朋友们,你自己拍回去,也可以用手电筒打光看一看。

"来,咱们再看看里面的普洱茶熟茶。普洱茶的原料呢是来自西双版纳的勐海茶区,普洱茶的条索匀称,芽头细小,属于普洱熟茶里的宫廷级,直播间里不知道有没有懂普洱茶熟茶的老茶客啊,宫廷级用料的普洱熟茶必须都是芽头,我可以给朋友们放大看看细节(近景展示条索细节),你们呢也可以截屏放大看细节,看明白了再拍。所以啊,这款熟年纪·大红柑陈皮普洱茶,从外面的陈皮到里面的普洱茶熟茶都是天花板级的原料。"

7. 现场冲泡

"这款茶的茶汤呢也是红浓透亮的，我现在就给茶友们冲泡一下。"

泡茶，边泡边讲。

"这款'熟年纪·大红柑普洱茶'啊，一颗的分量大约40克，所以要掰开掰碎了，再取适当的克重来冲泡。泡茶器具呢除了用盖碗，也可以用紫砂壶，投茶量控制在8克到10克，因为呢，陈皮普洱茶属于后发酵茶，喝它的时候，滋味最好还是饱满厚重一些。

"冲泡这款'熟年纪·大红柑普洱茶'，遵循黑茶的冲泡原则：沸水洗茶，沸水冲泡。100℃的沸水，第一道洗茶，注水之后要快速倒掉。

"洗茶之后呢就可以开始正泡了。注水可以采用杯沿定点注水法，让开水沿盖碗的内壁一侧缓缓注入，这样可以避免普洱熟茶的内含物快速大量析出来，茶汤过于浓强，等待10秒左右就可以出汤。来，我现在就给茶友们出汤。这是正泡第一泡的茶汤颜色，来大家看，它的茶汤酒红色，红浓明亮；我们再看第二泡（开始注水），第二泡咱们也是定点注水，也是等待10秒左右出汤，第二泡呢，它的颜色，也是红浓明亮，也是酒红色。我给新来我直播间的茶友们讲一下，低等级的普洱熟茶，一般茶汤出来后是浑浊发暗，只有高等级的普洱熟茶，它的汤色才会呈现出这种酒红色，所以这款茶的用料是真实不虚的。"

8. 闻湿茶香气

"来，茶友们，咱们闻一闻这个湿茶的香气。首先，闻盖香，这个杯盖一打开，就是一股浓浓的陈皮香扑面而来。然后你去闻这个杯底，杯底是柑皮香加上普洱的醇香，这种综合香气馥郁芬芳，饱和度很高，这和小青柑的茶香是截然不同的，咱们喝过小青柑的朋友们，应该都记得，小青柑呢是一种青涩的香气，大红柑由于果糖含量高，香气是成熟的果香。"

9. 品鉴茶汤

先喝一口再讲。

"咱们来品一下茶汤。这款茶刚入口后呢，头段是陈皮的柑果香，中段是普洱熟茶的醇香，咽下去后，是一种陈香带微微的药香，总体来说具备老普洱茶的醇、厚、滑的特征滋味。"

10. 展示叶底

"来，咱们再看看这款熟年纪·大红柑普洱茶的茶底。叶底：普洱茶都是匀整的嫩芽，颜色是棕红色。再来看大红柑皮，大红柑皮有光泽，油包清晰，显活性。

"那为什么我给大家推荐这款大红柑普洱茶，而不是小青柑呢。

"我给茶友们科普一下柑普茶的概念，中国茶叶流通协会在2020年发布了一个团体标准，名称为《新会柑普茶》，为什么是新会？新会指广东省江门市新会区。这个标准中规定柑普茶是同时具有普洱茶和新会柑皮或新会陈皮风味特点的茶产品，包括新会小青柑普洱茶、新会大红柑普洱茶以及新会陈皮普洱茶，三种形式。这里的柑普茶的'柑'，是指新会广泛种植的一种柑橘属品种，名为'茶枝柑'。

"小青柑是在茶枝柑柑果还没长熟的时候（8月）就被采下来，挖空果肉，填充普洱茶，制作而成。而大红柑是已经长熟的茶枝柑的柑果（11月底），这时的茶枝柑，不仅个头大，果皮呈现红色，果糖含量高，往往被用来制作新会陈皮，只有少量被制成了柑普茶。

"所以说到这里，我相信，茶友们就明白了，从品鉴的角度讲，大红柑陈皮普洱茶，里面的营养成分含量，也比小青柑高，喝起来也比小青柑更加甘甜。而我们家的这款熟年纪，作为一款老茶呢，还具有很高的收藏价值，2016年到现在足足陈化了8年，再加上大红柑普洱茶本来就稀缺的属性，所以朋友们，你无论是自己品鉴，还是送亲戚送朋友，这款茶都是一个非常好的选择。

"这款茶我在线下邀请过行业内的审评专家，或是懂陈皮普洱茶的朋友来品鉴过。他们喝过后，都对这款茶赞不绝口。

"今天在我直播间上车的这款大红柑普洱茶，还是整果状态，你可以清楚看到柑皮的质量，来，咱们可以截图放大看细节，它区别于散茶状态的陈皮普洱茶，散茶的陈皮通常是切丝的，陈皮的来源不太好辨别，所以很多卖陈皮普洱茶的直播间，在展示干茶的细节时都是一晃而过，不想让你看清楚。"

11. 扩展介绍

"大红柑普洱茶，由于组成的原料——大红柑和普洱茶熟茶，在各自的标准中都明确规定是可以长期保存的，也就是说没有保质期，而且还有越陈越香的说法，所以，这款大红柑普洱茶你拍回去，即使不马上喝它，也不用担心有过期的问题，甚至再保存几年，品质还会有转化，香气滋味将更加出色。"

"我还想说，这款大红柑普洱茶呢，也适合煮着喝，特别是在冬季，约上三五好友围炉煮茶，谈天说地，屋内柑香四溢，茶气祛寒暖身，轻煮时光慢煮茶，难得的清欢，足慰平生。"

12. 展示检验报告

"当我决定在 XX 平台上与茶友们分享这款茶时，为了让茶友们买得放心，我们自费把这款收藏了多年的大红柑普洱茶，送到了检测机构进行检测，检测结果呢农药残留等全都是合格的，证明它是有安全保障的茶，所以茶友们可以放心去拍。"

13. 最后再一次促单

主播再次拿起大红柑普洱茶的包装盒。

"这款大红柑普洱茶，是我每次招待重要客人的时候，必拿出的一款茶。这款茶呢，2016 年的老茶平时销售价格，半斤呢在 XXX 元以上，因为新会大红柑一般都是直接用来加工成陈皮的，更能体现它的价值。用大红柑做柑普茶的不多，所以正宗的大红柑普洱茶，在市面上也是稀缺产品。

"今天在我直播间，我给茶友们的价格是：110g，只要 XXX 元！拍三罐更实惠，只要 XXX 元，我呢再送你一套价值 XX 元的新春对联套装（展示包装、春联礼包），让茶友们开心过一个快乐春节。

"今天我诚心和大家交个朋友，价格放的很实惠，今天直播只上了 30 单，现在只有 5 单了。这款茶就在我们小黄车的 4 号链接，喜欢的茶友可以直接去拍。"

附录四：常见名茶及特征一览表

（一）绿茶

品　名	主产地及茶树品种	特　征
龙井茶	浙江省杭州市、绍兴市等。 龙井群体种、龙井43、龙井长叶、迎霜、鸠坑种等。	扁形炒青绿茶。中国国家地理标志产品。龙井茶地理标志产品保护范围限于：杭州市西湖风景名胜区为西湖产区；杭州市萧山、滨江、余杭、富阳、临安、桐庐、建德、淳安等县（市、区）为钱塘产区；绍兴市绍兴、越城、新昌、嵊州、诸暨等县（市、区）以及上虞、磐安、东阳、天台等县（市）区域为越州产区。 品质特征："色绿、香郁、味醇、形美"。 按感官品质分为：特级、一级、二级、三级、四级、五级共6个等级。
西湖龙井茶	浙江省杭州市西湖风景名胜区。 龙井群体种、龙井43、龙井长叶和中茶108等。	扁形炒青绿茶。中国历史名茶之首。 西湖龙井茶是在杭州市西湖风景名胜区之内，以适制的茶树品种的鲜叶原料，采用传统的摊青、青锅、辉锅等工艺在当地加工而成。 品质特征："色绿、香郁、味甘、形美"。 分为四个等级：精品、特级、一级和二级。 特级西湖龙井茶品质特征：外形扁平光润、挺直尖削、嫩绿鲜润，匀齐、洁净；香气清香持久；汤色嫩绿、清澈、明亮；滋味鲜醇甘爽；叶底细嫩成朵、匀齐、嫩绿明亮。

品　名	主产地及茶树品种	特　征
大佛龙井茶	浙江省绍兴市新昌县。 龙井群体种、龙井43、龙井长叶、迎霜、鸠坑种等。	属于龙井茶之越州龙井，扁形炒青绿茶。 在中华人民共和国农产品地理标志大佛龙井茶产品保护区范围内采摘的茶鲜叶，按照特定工艺在新昌县境内加工成的具有"杏绿汤、蜜栗香"的龙井茶。 按感官品质分为：精品、特级、一级、二级、三级、四级、五级共7个等级。 特级品质特征：外形扁平光滑、挺直尖削，嫩绿鲜润，匀整壮实，匀净；香气清高持久；滋味清鲜纯爽；汤色嫩绿明亮、清澈；叶底细嫩成朵，匀齐，嫩绿明亮。
洞庭碧螺春茶	江苏省苏州市吴中区东西山。 洞庭种等。	卷曲形（螺形）炒青绿茶。中国国家地理标志产品。 原名"吓煞人香"，清康熙三十八年(1699)，康熙帝驾幸太湖，以其名不雅，赐名"碧螺春"。 民间形容其外形为"满身毛，铜丝条，蜜蜂腿，银绿隐翠"。茶树与桃、杨梅、枇杷、板栗等花果树间种，使得正品碧螺春有一种独特的花果香。 品质特征："纤细多毫，卷曲呈螺，嫩香持久，滋味鲜醇，回味甘甜"。
安吉白茶	浙江省湖州市安吉县。 白叶1号。	烘青绿茶，以条形（凤形）为主要形式；中国国家地理标志产品。 品质特征："外形细秀，形如凤羽，颜色鲜黄活绿，光亮油润；冲泡后，叶白脉翠，嫩绿明亮，鲜爽甘醇，嫩香持久"。 产品分为：精品、特级、一级和二级共四个质量等级。

品　名	主产地及茶树品种	特　征
径山茶	浙江省杭州市余杭区径山寺周边。 鸠坑群体种、浙农系列等。	卷曲形炒青绿茶。"茶圣"陆羽曾两次来到径山，考察并写作《茶经》，径山茶也由此声名大噪，与杭州西湖龙井茶齐名，自宋至清，一直列为"贡茶"。 产品等级依据感官品质要求分为：特级、一级、二级、三级。 特级品质特征："细紧卷曲、色泽绿翠、香高味鲜、叶底嫩匀"。
黄山毛峰	安徽省黄山市。 黄山种、楮叶种、滴水香、茗洲种等。	朵形烘青绿茶。中国国家地理标志产品。 品质特征："芽头肥壮、香高持久、滋味鲜爽回甘、耐冲泡"。 产品等级依据感官品质要求分为：特级、一级、二级、三级。特级分为一、二、三等。
太平猴魁	安徽省黄山市黄山区。 柿大茶等。	长扁形烘青绿茶。中国国家地理标志产品。1915年巴拿马万国博览会获一等金质奖章和证书。 品质特征："两叶一芽、扁平挺直、魁伟重实、色泽苍绿、兰香高爽、滋味甘醇"。 产品按品质分为：极品、特级、一级、二级、三级。
六安瓜片	安徽省六安市。 独山小叶种、齐头山中叶种等。	片型烘青绿茶。安徽省地理标志产品。 经采片或扳片取得的鲜叶原料，通过独特的加工工艺制成的形似瓜子的片型绿茶。 六安瓜片茶分为精品、特一、特二、一级、二级、三级六个级别。 特一级品质特征：瓜子形、背卷顺直、扁而平伏、匀整、宝绿上霜、无漂叶；香气清香持久；滋味鲜醇爽口有回甘；汤色嫩绿、清澈明亮；叶底嫩绿、匀整、鲜亮。

品　名	主产地及茶树品种	特　征
庐山云雾	江西省九江市庐山。 庐山群体种、庐云1号、2号、3号等。	条形炒青绿茶。中国国家地理标志产品。 《庐山志》记载庐山种茶始于东晋时期的东林寺慧远大师。 主要品质特征："干茶绿润、汤色绿亮、香高味醇"。 按产品质量分为：特级、一级、二级、三级。
信阳毛尖	河南省信阳市。 信阳群体种、信阳10号、福鼎大白茶等。	条形细嫩烘青绿茶。中国国家地理标志产品。 1915年，巴拿马万国商品博览会获"世界茶叶金质奖状与奖章"。 产品分为：珍品、特级、一级、二级、三级、四级共六个质量等级。 特级品质特征：条索细圆紧尚直；色泽嫩绿显白毫；汤色嫩绿明亮；香气清香高长；滋味鲜爽；叶底嫩绿明亮匀整。
恩施玉露	湖北省恩施土家族苗族自治州恩施市五峰山。 恩苔早等。	清香型针形蒸青绿茶。湖北省地理标志产品。1965年被评为"中国十大名茶"。 按感官品质分为特级、一级、二级。 特级恩施玉露品质特征：形似松针、色泽翠绿；汤色清澈、明亮；香气清香持久；滋味鲜爽、回甘；叶底嫩匀、明亮。
采花毛尖	湖北省鄂西茶区（源于五峰县西部的采花乡）。 五峰本地群体种、鄂茶1号、7号、10号等。	蒸青或半烘炒绿茶，扁条形。被誉为"湖北名茶第一品牌"。 按感官品质分为：宝顺合、一花一世界、至尊贡芽、贡芽特级、贡毫特级。 其中至尊贡芽品质特征：条索紧秀匀直显毫；色泽嫩绿油润；香气嫩香持久；滋味鲜爽回甘；汤色嫩绿清澈明亮；叶底嫩绿明亮、匀齐。

品 名	主产地及茶树品种	特 征
古丈毛尖	湖南省湘西土家族苗族自治州古丈县。 古丈群体种、碧香早、楮叶齐、福鼎大白茶等。	条形炒青绿茶。湖南省地理标志产品。 产品分为：特级、一级、二级共三个质量等级。 特级品质特征：条索紧细圆直、白毫显露；色泽隐翠；汤色浅绿；香气嫩香、高锐持久；滋味鲜爽、醇甘；叶底嫩匀。
保靖黄金茶（毛尖绿茶）	湖南省湘西土家族苗族自治州保靖县。 保靖黄金茶1号、2号等。	半烘炒毛尖绿茶，卷曲形或直条形。以保靖黄金茶茶树品种幼嫩芽叶为原料，经杀青、揉捻、干燥等工艺加工而成。 产品分为：特级、一级、二级共三个质量等级。 特级品质特征：外形翠绿显毫，匀齐；滋味清鲜甘爽；汤色嫩绿明亮；叶底细嫩显芽、嫩绿明亮。
竹叶青	四川省峨眉山市。 老川茶（本地群体种）、福选9号、名选131、福鼎大白茶等。	扁形炒青绿茶，属于峨眉山茶系。 "竹叶青"既是茶品种，也是公司名称，又是中国茶叶著名品牌。 正品竹叶青茶外形扁直似竹叶，色泽油绿，叶面较光滑，身骨较重。冲泡后，芽头吸水下沉缓慢；泡开后汤色嫩绿明亮；香气嫩栗香，浓郁持久；滋味鲜嫩醇爽；叶底完整，黄绿明亮。
峨眉雪芽	四川省峨眉山市。 老川茶（本地群体种）、福选9号、名选131、福鼎大白茶等。	扁型炒青绿茶，属于峨眉山茶系。峨眉雪芽为峨眉山旅游股份有限公司峨眉雪芽茶业分公司旗下品牌。峨眉雪芽盛产于峨眉山海拔800~1200米处，常年云雾空蒙的赤城峰、白岩峰、玉女峰、天池峰、竞月峰下和万年寺一带。高山云雾出好茶。湿润的气候，高峻的山脉，深厚肥沃的酸性土壤，形成了绝佳的高山云雾生态环境，造就了峨眉雪芽"扁平直滑、嫩绿油润、清香高长、鲜醇甘爽"的独特品质。

品　名	主产地及茶树品种	特　征
蒙顶甘露	四川省雅安市名山区蒙顶山。 老川茶（本地群体种）、福选9号、名选131等。	卷曲形炒青绿茶。以雅安市辖行政区域内的中小叶种春季一芽一叶以内的嫩芽叶为原料，经杀青、揉捻、做形、烘干等工序加工而成，具有外形紧卷多毫、嫩绿色润、味醇回甘品质特征的绿茶。 明代黎阳王《蒙山白云岩茶》诗："若教陆羽持公论，应是人间第一茶。" 产品分为：特级一等、特级二等、特级三等共三个质量等级。 特级一等品质特征：条索紧细匀卷、细嫩多毫；色泽嫩黄鲜润；汤色杏绿鲜亮；香气毫香馥郁；滋味鲜爽；叶底匀整、芽头肥壮、嫩绿明亮。
都匀毛尖	贵州省黔南布依族苗族自治州都匀市。 贵定鸟王种（本地群体种）、黔湄419、福鼎大白茶等。	卷曲形炒青绿茶。中国传统十大名茶之一。 明末作为贡茶，被崇祯皇帝赐名"鱼钩茶"。 按照原料标准，结合加工工艺和生产实际，都匀毛尖茶分为五个等级：尊品、珍品、特级、一级、二级。 特级品质特征：外形较紧细、弯曲露毫、匀整、绿润、净；香气清香、栗香；滋味醇厚；汤色黄绿较亮；叶底黄绿较亮。
湄潭翠芽	贵州省遵义市湄潭县。 本地群体种、黔湄502、黔湄419、黔湄601、福鼎大白茶等。	扁形炒青绿茶。以湄潭县境内及与湄潭县环境相似的周边地域的适制绿茶的中小叶茶树品种的鲜叶为原料，按规定工艺加工而成，具有"嫩、鲜、香、浓、醇"品质特征的扁形绿茶。其外形扁平光滑、形似葵花籽、隐毫稀见、色泽绿翠，香气清芬悦鼻、粟香浓并伴有新鲜花香。 按照原料标准，结合加工工艺和生产实际，湄潭翠芽茶分为三个等级：特级、一级、二级。 特级湄潭翠芽感官品质特征：外形扁平直、匀整、黄绿润；汤色嫩绿明；香气清香／嫩香／栗香持久；滋味鲜爽／鲜醇；叶底黄绿明亮、嫩匀。

品　名	主产地及茶树品种	特　征
梵净山翠峰茶	贵州省铜仁市。 本地群体种、福鼎大白茶。	扁形炒青绿茶。贵州省地理标志产品。 梵净山翠峰茶是在国家质量监督检验检疫总局批准的地理标志产品保护区域范围内，适制绿茶的优良茶树品种鲜叶加工而成，具有"翠绿、香郁、鲜爽、回甘"的扁形绿茶。 按感官品质分为特级、一级、二级。 特级梵净山翠峰茶的感观品质：外形扁平、直滑、尖削，色泽嫩绿、油润；香气清香持久或显栗香；滋味鲜爽；汤色嫩绿、清澈；叶底肥嫩、匀齐、嫩绿明亮。
紫阳毛尖（紫阳富硒茶）	陕西省安康市紫阳县。 紫阳种、陕茶1号等。	卷曲形烘炒绿茶。中国地理标志产品。 以陕西省安康市紫阳县行政区域内生长的茶树鲜叶为原料，经摊青、杀青、揉捻、提毫、干燥等工序制成的卷曲形天然富硒茶，为紫阳富硒茶中的珍品。紫阳是全国知名的两大富硒区之一，平均含硒居于目前国内外已知最高水平。 紫阳毛尖其品质特征是：条索细紧卷曲，白毫显露，色泽绿润，香气嫩香持久，汤色嫩绿明亮，滋味鲜美回甘，叶底嫩绿、柔软明亮。 产品分为：特级、一级、二级、三级。

（二）白茶

品 名	主产地及茶树品种	特 征
白毫银针	福建省宁德市、南平市。 福鼎大白茶、福鼎大毫茶、政和大白茶、福安大白茶、小菜茶（本地群体种）等。	芽型白茶。 白毫银针是以大白茶或大毫茶茶树品种的单芽为原料，经萎凋、干燥、拣剔等特定工艺过程制成的白茶产品。因成品茶外观特征"挺直似针，满披白毫，如银似雪"而得名。素有茶中"美人""茶王"之美称。 品质特征：汤色杏黄，浅淡明净；品之鲜醇嫩爽，毫香蜜韵。 分两个级别：特级、一级。
白牡丹	福建省宁德市、南平市。 福鼎大白茶、福鼎大毫茶、政和大白茶、福安大白茶等。	芽叶型白茶。 以大白茶或大毫茶茶树品种的一芽一、二叶为原料，经萎凋、干燥、拣剔等特定工艺过程制成的白茶。干茶外形毫心肥壮，叶背多茸毛，色泽灰绿润。冲泡后，因其绿叶夹银白色毫心，宛如蓓蕾初放，形似花朵，故得名"白牡丹"。 品质特征：汤色杏黄明亮或橙黄清澈，香气鲜嫩有毫香，滋味清醇微甜，叶底嫩匀完整。分四个级别：特级、一级、二级、三级。
贡眉	福建省宁德市、南平市。 小菜茶（本地群体种）。	芽叶型白茶。 以群体种茶树（小菜茶）的嫩梢为原料，经萎凋、干燥、拣剔等特定工艺过程制成的白茶产品。贡眉干茶呈扁平形状，细小而匀称，有时被形容为眉毛的形状。 品质特征：叶色呈灰绿色，汤色清澈明亮，口感柔和香甜，带有花香和果香的气息。分四个级别：特级、一级、二级、三级。

品　名	主产地及茶树品种	特　征
寿眉	福建省宁德市、南平市。 福鼎大白茶、福鼎大毫茶、政和大白茶、福安大白茶、小菜茶（本地群体种）等。	多叶型白茶。 以大白茶、大毫茶、水仙或群体种茶树品种的嫩梢或叶片为原料，经萎凋、干燥、拣剔等特定工艺过程制成的白茶。茶农称其为寿眉是因为干茶的外观像长寿老人的眉毛。 品质特征：一芽三叶、四叶，芽头秀长或无芽头，叶片较大，略有茶梗。香气随储存年份的不同呈花香、毫香、枣香、药香等，滋味陈醇顺滑。分两个级别：特级、一级。
云白毫	云南省各产茶区。 云南大叶种（勐库大叶种、勐海大叶种、凤庆大叶种）。	芽型白茶。 以云南大叶种茶树单芽及一芽一叶为原料，经萎凋、干燥、拣剔等特定工艺制成的白茶产品。产品不分级别。 品质特征：芽头肥壮，银毫满披，色泽银白光润，香气清纯，毫香显露，滋味鲜甜醇爽，汤色黄明清亮，叶底肥壮软嫩，黄绿明亮。
月光白	云南省各产茶区。 云南大叶种、景谷大白茶（秧塔绿芽大白茶、秧塔黄芽大白茶）。	芽叶型白茶。 以云南大叶种茶树一芽一叶、一芽二叶及少量一芽三叶为原料，经萎凋、干燥、拣剔等特定工艺制成的白茶产品。按原料要求不同分为月光白一级、月光白二级。 品质特征：干茶芽叶肥壮、自然舒展；芽头银亮，背白面褐；香气清纯、花香显露；滋味鲜甜醇厚有回甘；汤色清澈黄亮；叶底叶芽肥壮软嫩，匀亮。

（三）黄茶

品　名	主产地及茶树品种	品质特征
君山银针	湖南省岳阳市洞庭湖君山岛。 君山银针1号，岳阳群体种等。	芽型黄茶（针形黄芽茶）。 君山银针是以岳阳市境内种植的中小叶种茶树的春季带柄茶芽为原料，经杀青、闷黄、干燥、精选工序，制成的具有"黄汤黄芽且冲泡后竖立杯中"特征的针形岳阳黄茶。依据原料嫩度和感官品质，君山银针分为特级、一级。 君山银针特级品质特征：形状为针形，芽头饱满，金毫显露；色泽黄润；香气清鲜持久，具独特酵花香；滋味鲜醇回甘；汤色杏黄明净；叶底嫩黄明亮；开水冲泡时起起落落如是者三，5分钟后，有90%以上的芽头竖立在玻璃杯中，宛如"群笋出土"。水光芽影，浑然一体，使人赏心悦目。 1956年，参加德国莱比锡国际博览会荣获金奖，并获"茶盖中华，价压天下"的美誉。 1959年，君山银针在首届中国十大名茶评比中，代表黄茶类荣获"中国十大名茶"称号。
蒙顶黄芽	四川省雅安市名山区蒙山。 老川茶、名山早311、名山白毫131、蒙山9号等。	芽型黄茶（扁直形黄芽茶）。 以蒙顶山茶区的中小叶种春季嫩芽为原料，经摊放、炒青、摊凉、初炒、包黄、复炒、堆黄、理压条、整形、烘干、分选、拼配、烘焙提香、定量装箱入库等工序加工而成的具有黄茶品质特征的扁直芽形茶。分为特级、特一级。 特级品质特征：形状扁平挺直、重实、隐毫，全芽肥壮匀整；色泽嫩黄油润；香气鲜甜高长、持久；滋味鲜爽甜醇；汤色黄亮清澈；嫩芽肥壮、黄明亮。 蒙山位于四川省雅安市境内，产茶历史悠久，距今已有2000多年历史，早在唐代就被选为贡茶。白居易诗云"琴里知闻唯渌水，茶中故旧是蒙山"，又有对联"扬子江中水，蒙山顶上茶"，可见蒙顶茶名之盛。

品　名	主产地及茶树品种	品质特征
霍山黄芽	安徽省六安市霍山县。 霍山金鸡种、群体种等。	芽型黄茶（直条形黄芽茶）。 产自霍山县境内茶区，经鲜叶采摘→摊放→杀青（做形）→毛火→闷黄→足火→拣剔→复火等特殊工艺精制而成的茶叶。依其品质分为特一级、特二级、一级、二级和三级。其中特一级茶叶产地为金鸡山、乌米尖、金竹坪特定区域。 特一级品质特征：外形雀舌匀齐；色泽嫩绿微黄披毫；香气清香持久；滋味鲜爽回甘；汤色嫩绿鲜亮；叶底嫩黄绿鲜明。 自唐朝被列为贡茶，一直沿袭到清朝。
平阳黄汤	浙江省温州市平阳县。 嘉茗 1 号（乌牛早）、平阳特早等。	芽叶型黄茶（朵形黄小茶）。 亦称"温州黄汤"，始于清代，一度被列为贡品。干茶色泽嫩黄，汤色杏黄明亮，香气香高持久，滋味甘醇爽口，叶底嫩匀成朵，外形纤秀匀整。品质特征概括为六个字"杏黄汤，玉米香"。平阳特早茶品种所制平阳黄汤呈：干茶显黄、汤色杏黄、叶底嫩黄，具有嫩玉米香特性，简称"三黄一香"。 2014 年 5 月 22 日，中华人民共和国原农业部正式批准对"平阳黄汤茶"实施农产品地理标志登记保护。
莫干黄芽	浙江省湖州市下辖德清县莫干山。 乌牛早、龙井 43、迎霜等。	芽叶型黄茶（朵形黄小茶）。 以浙江省湖州市下辖德清市境内莫干山山脉特定区域适制莫干黄芽黄茶的中、小叶茶树品种的茶树鲜叶为原料，经摊青、杀青、揉捻、闷黄、干燥等工艺加工而成的黄茶产品。 莫干山为西天目山东支余脉，森林覆盖率达 92%。茶园四周遍布竹林，莫干黄芽是采自竹林中的茶。 产品等级分为：特级、一级、二级。 特级品质特征：条索细紧卷曲；色泽嫩黄润；香气清甜；滋味甘醇；汤色嫩黄明亮；叶底较细、嫩黄、明亮。

品 名	主产地及茶树品种	品质特征
远安黄茶（远安鹿苑）	湖北省宜昌市远安县鹿苑寺遗址周边乡镇。 黄金叶、黄金芽、宜昌大叶种等。	远安黄茶，又名："远安鹿苑"。 采摘生长于远安县境内典型丹霞地貌区域的茶树的鲜叶，以特定工艺——经杀青、炒二青、闷堆、拣剔、炒干加工而成。 按品质特征分为：远安黄茶贡芽、远安黄茶特级、远安黄茶一级、远安黄茶二级、远安黄大茶。 贡芽品质特征：条索为单芽月牙型；色泽杏黄；香气清鲜；滋味鲜醇；汤色浅黄明亮；叶底肥嫩黄亮。 特级品质特征：自然卷曲型（环子脚）；色泽谷黄有鱼子泡；香气清高；滋味醇厚回甘；汤色深黄明亮；叶底柔嫩黄亮；清乾隆年间被选为贡茶，乾隆皇帝赐名为"好酽茶"。

（四）乌龙茶

茶叶品名	主产地及茶树品种	备 注
武夷岩茶	福建省南平市下辖武夷山市。 大红袍、肉桂、水仙、铁罗汉、白鸡冠、水金龟等百十种。	属于闽北乌龙茶。 武夷岩茶是指在规定的范围内，独特的武夷山自然生态环境条件下选用适宜的茶树品种进行无性繁育和栽培，并用独特的传统加工工艺制作而成，具有岩韵（岩骨花香）品质特征的乌龙茶。 武夷岩茶产品分为大红袍、名枞、肉桂、水仙、奇种。其中肉桂和水仙现为武夷山主栽茶树品种。民间有"香不过肉桂，醇不过水仙"的说法。

茶叶品名	主产地及茶树品种	备注
大红袍	福建省南平市下辖武夷山市。 大红袍及名丛等百十种。	属于闽北乌龙茶之武夷岩茶。 大红袍母树产于福建武夷山九龙窠的高岩峭壁之上，现仅存六棵。2006年，武夷山市政府开始对大红袍母树进行"停采留养"，不再采摘。 大红袍茶叶分为"纯种大红袍"和"商品大红袍"（也称"拼配大红袍"）两种。现在市场上销售的基本都是商品大红袍，基本的拼配方法是以水仙、肉桂打底，然后搭配几种名丛茶（如白鸡冠、铁罗汉、北斗等）。商品大红袍分为特级、一级、二级3个等级。 特级大红袍品质特征：条索紧结、壮实、稍扭曲，匀整，洁净；色泽带宝色或油润；香气锐、浓长或幽、清远；滋味岩韵明显、醇厚、回味甘爽、杯底有余香；汤色清澈、艳丽，呈深橙黄色；叶底软亮匀齐、红边或带朱砂色。
肉桂	福建省南平市下辖武夷山市。 肉桂。	属于闽北乌龙茶之武夷岩茶。 由武夷山无性系良种"肉桂"茶树鲜叶制成的乌龙茶（武夷岩茶）。茶树分布于武夷山各个山场。肉桂现为武夷山主栽茶树品种之一。已有100多年栽培历史，1985年福建省农作物品种审定委员会认定为省级品种。分为特级、一级、二级3个等级。 特级肉桂品质特征：条索肥壮紧结、沉重；色泽油润，砂绿，红点明显；香气浓郁持久，似有乳香或蜜桃香，或桂皮香；滋味醇厚鲜爽、岩韵明显；汤色金黄清澈明亮；叶底肥厚软亮、匀齐红边明显。

茶叶品名	主产地及茶树品种	备 注
水仙	福建省南平市。 福建水仙。	属于闽北乌龙茶之武夷岩茶。 福建水仙茶树品种 1984 年被审定为国家良种，编号为"华茶 9 号"。茶树分布于武夷山各个山场。水仙现为武夷山主栽茶树品种之一。 水仙茶分为特级、一级、二级 3 个等级。 特级水仙品质特征：条索壮结、匀整、洁净；色泽油润；香气浓郁鲜锐、特征明显；滋味浓爽鲜锐、品种特征显露、岩韵明显；汤色金黄清澈；叶底肥嫩软亮、红边鲜艳。
安溪 铁观音	福建省泉州市安溪县。 铁观音。	属于闽南乌龙茶。中国国家地理标志产品。 以铁观音茶树品种的叶、驻芽、嫩梢为原料，依次经萎凋、做青、杀青、揉捻（包揉）、烘干等独特工艺过程制成的铁观音茶叶产品。 铁观音茶树品种 1984 年被审定为国家良种，编号为"华茶 7 号"。 铁观音产品分为：清香型铁观音和浓香型铁观音。 特级清香型铁观音的品质特征：条索紧结、匀整、洁净；色泽翠绿润、砂绿明显；香气清高、持久；滋味清醇鲜爽、音韵明显；汤色金黄带绿、清澈；叶底肥厚软亮、匀整。 特级浓香型铁观音的品质特征：条索紧结、重实、匀整、洁净；色泽乌油润、砂绿显；香气浓郁；滋味醇厚回甘、音韵明显；汤色金黄、清澈；叶底较软亮、匀整、有红边。

茶叶品名	主产地及茶树品种	备 注
凤凰单丛	广东省潮州市潮安区凤凰镇乌岽村 凤凰水仙	属于广东乌龙茶。 因选用树形高大的凤凰水仙群体品种中的优异单株单独采制而得名，按照传统加工工艺制作而成，具有自然花（果）香及丛韵、蜜韵的乌龙茶。其成品茶常按各自独特的自然花（果）香特征命名，香型名称有：黄栀香、芝兰香、玉兰香、蜜兰香、杏仁香、姜花香、肉桂香、桂花香、夜来香和茉莉香等十大香型。 按感官指标分为特级、一级、二级、三级。 特级品质特征：紧结壮直，匀整，褐润有光；香气天然花香、清高细锐、持久；滋味鲜爽回甘、有鲜明花香味、特殊韵味；汤色金黄清澈明亮；叶底淡黄红边，软柔鲜亮。 凤凰水仙茶树品种1984年被审定为国家良种，编号为"华茶17号"。
台湾冻顶乌龙	台湾省南投县鹿谷乡冻顶山。 青心乌龙、金萱、翠玉、少量四季春等。	属于台湾乌龙茶之半球形包种茶，中度发酵，程度约40%。 冻顶乌龙茶，被誉为"茶中圣品"。冻顶乌龙茶汤清爽怡人，汤色蜜绿带金黄，茶香清新典雅，喉韵回甘浓郁且持久，香气清雅独特。 主产地为台湾鹿谷附近冻顶山，山多雾，路陡滑，上山采茶都要将脚尖"冻"起来，避免滑下去，山顶叫冻顶、山脚叫冻脚。所以冻顶茶产量有限，尤为珍贵。冻顶是台湾最古老的四大茶区之一，历史悠久，声名远播。
东方美人	台湾省桃源县、新竹县、苗栗县等。 青心乌龙、青心大冇、大慢种、金萱、翠玉等。	东方美人，亦称"白毫乌龙、香槟乌龙、椪风茶、福寿茶、五色茶、番庄乌龙"，属于台湾乌龙茶之条状白毫乌龙茶，重度发酵，程度约70%。 与其他名茶不同，最佳采制时间不在明前雨前，而是夏季的芒种前后，采摘受小绿叶蝉叮咬过的芽叶，制得的干茶呈红、绿、黄、白、褐五色相间，滋味甘甜而富有蜂蜜香。百年之前即以"福尔摩沙茶（Formosa Oolong Tea）"之名风行欧美，为英国王室贡品，经英国女王命名为"东方美人"。

（五）红茶

品　名	主产地及茶树品种	品质特征
正山小种	福建省武夷山市。 武夷变种（当地称菜茶）。	正山小种为世界红茶始祖，是指产于武夷山市星村镇桐木村及武夷山自然保护区域内的有性系繁殖的武夷菜茶的茶树鲜叶，用当地传统工艺制作，独具似桂圆干香味及松烟香的红茶产品。 根据产品质量，分为特级、一级、二级、三级共4个级别。特级条索紧实；色泽乌润；香气浓醇、桂圆干香明显；滋味醇厚、甜爽、高山韵显、桂圆汤味明；汤色橙红、明亮清澈；叶底匀齐、柔软、呈古铜色。
金骏眉	福建省武夷山市 武夷变种（当地称菜茶）、梅占等	单芽型红茶，类属于武夷红茶中的奇种，红茶中的极品。以武夷山市星村镇桐木村为中心的武夷山国家级自然保护区内的高山茶树单芽为原料，采用萎、揉捻、发酵、干燥的独特工艺制作而成，具有"汤色金黄，汤中带甘，甘里透香"品质特征的红茶。 产品不设等级。 金骏眉品质特征：条索紧秀重实、单芽细嫩、锋苗秀挺，略显金毫；色泽金、黄、黑相间，乌褐润；香气花果香、蜜香显，香气持久；滋味甜醇、甘滑、鲜爽；汤色金黄色，清澈透亮，金圈显；叶底单芽，肥壮饱满，鲜活，匀齐，呈古铜色。

品　名	主产地及茶树品种	品质特征
修水宁红茶	江西省九江市修水县。 宁州群体种等。	江西省地理标志产品。修水，古称"宁州"。 采摘以宁州群体种及其他适制茶树品种鲜叶为原料加工而成，具有"条索紧实、色泽乌润、香气高长、汤色红亮、滋味醇和"品质的条形红茶以及"龙须"状的束型特种红茶，包括宁红金毫、宁红工夫和宁红龙须。 宁红金毫：以宁州群体种及其他适制茶树品种的单芽或一芽一叶初展芽叶为原料，经萎凋、揉捻、解块、发酵、干燥等工艺加工而成显金毫的条形红茶。 宁红工夫：以宁州群体种及其他适制茶树品种的幼嫩新梢为原料，经萎凋、揉捻、解块、发酵、干燥、精制等工艺加工而成的条形红茶。 宁红龙须：以宁州群体种及其他适制茶树品种的幼嫩新梢为原料，经萎凋、揉捻、解块、发酵、扎把、初干、扎花、足干等工艺加工，采用棉线捆成外形呈"龙须"状的束型特种红茶。
宜红工夫	湖北省宜昌市 宜昌大叶种、福鼎系列、鸠坑种、五峰212、宜红早等。	宜红工夫茶，类属于湖北宜红茶。 按照初制（萎凋、揉捻、发酵、干燥）和精制（筛分、切细、风选、拣剔、补火、拼配、匀堆装箱）工艺加工而成的条形红茶。 按产品外形及品质差异，分为特级、一级、二级、三级、四级、五级等六个级别。 特级宜红工夫：形状细秀显毫；色泽乌黑油润；香气鲜嫩甜香、浓郁持久；滋味醇甜鲜爽；汤色红艳明亮；叶底红匀明亮，细嫩多芽。

品　名	主产地及茶树品种	品质特征
坦洋工夫	福建省福安市。 坦洋菜茶群体种、福安大白茶、金牡丹、福云6号、金观音、黄观音、紫玫瑰、紫牡丹等。	闽红三大工夫红茶之一（其他两种：政和工夫、白琳工夫），国家地理标志产品。起源地为福安市社口镇坦洋村。在福建省福安市现辖行政区域内的自然生态环境条件下，采自坦洋菜茶和适制红茶的优良茶树品种的幼嫩芽叶，采用工夫红茶初制和精制的传统加工工艺，制成具有特定品质特征的红茶。 坦洋工夫茶分为特级、一级、二级、三级与相应等级的紧压茶。 特级品质特征：条索肥嫩紧细、毫显、多锋苗；色泽乌黑油润；香气甜香浓郁；滋味鲜浓醇；汤色红艳；叶底细嫩柔软、红亮。
九曲红梅	浙江省杭州市西湖区（发源地为双浦镇灵山村）。 龙井群体种、龙井43、浙茶117等。	九曲红梅，原称九曲乌龙、九曲红、红梅茶，因产地位于著名的西湖龙井茶原产地域内，又有"红龙井"的别称。 以杭州市西湖区所辖区域内种植生长的适制九曲红梅茶的茶树品种芽叶为原料，采用传统的萎凋、揉捻、发酵、干燥工艺在当地加工而成的卷曲形工夫红茶。产品等级依据感官品质要求分为特级、一级、二级、三级。 特级九曲红梅：条索细紧卷曲、多锋苗；色泽乌黑油润；香气鲜嫩甜香；滋味鲜醇甘爽；汤色橙红明亮；叶底细嫩显芽、红匀明亮。 1915年获巴拿马太平洋万国博览会金奖，1926年获美国费城世博会甲等大奖，1929年获首届西湖博览会金奖，2004年获评杭州十大名茶。

品　名	主产地及茶树品种	品质特征
祁门工夫	安徽省黄山市祁门县历口镇。 祁门槠叶种、浙农139、浙农117、皖茶4、皖茶9、翠绿1号等。	与印度大吉岭红茶、斯里兰卡的乌瓦红茶并称世界三大高香红茶。 以安徽省祁门县辖区域为核心产区及毗邻的传统产区的祁门槠叶种及其他适制的茶树品种鲜叶为原料，按照初制（萎凋、揉捻、发酵、干燥等）和精制（筛制、切细、风选、拣剔、补火、拼配、匀堆等）工艺加工而成的具有"祁门香"品质特征的条形红茶。 祁门香 KEEMUN sweet candy scent：具有花香、果香和糖香等独特地域风味的香型。 产品级别依据感官品质要求分为：礼茶、特茗、特级、一级、二级、三级、四级。 礼茶品质特征：条索细嫩挺秀、金毫显露；色泽乌油润；香气毫香显、祁门香显；滋味鲜醇甘爽；汤色红艳明亮；叶底细嫩多芽、柔软，红匀明亮。 特茗品质特征：条索细嫩露毫、金毫显露；色泽乌油润；香气甜香浓、祁门香显；滋味鲜醇甘爽；汤色红艳明亮；叶底细嫩显芽柔软，红匀明亮。 特级品质特征：条索细嫩挺秀；色泽乌润；香气甜香、祁门香显；滋味甜醇爽口；汤色红艳明亮；叶底红艳匀亮。

品　名	主产地及茶树品种	品质特征
滇红工夫	云南省行政区域内（发源地为临沧市凤庆县）。 云南大叶种 （凤庆大叶种、勐库大叶种、勐海大叶种）。	条形工夫红茶，与"祁红""川红"并称中国三大工夫红茶，1938年研制。 以云南省行政区域内采收的大叶种茶树鲜叶为原料，经萎凋、揉捻、发酵、干燥、精制等工艺制成的条形红茶。 根据产品品质特征，滇红工夫红茶分单芽、特级、一级至四级共6个等级。 单芽级品质特征：条索芽头肥壮、披毫；色泽金毫满披；香气甜香浓郁、持久、花果香显；滋味甜醇鲜；汤色橙红明亮；叶底芽头肥壮，红匀明亮。 特级品质特征：条索肥壮、紧结、芽毫显；色泽乌褐或棕褐油润、金毫显露；香气甜香浓郁持久、花果香显；滋味甜醇鲜；汤色红明亮；叶底肥嫩多芽，红匀明亮。 一级品质特征：条索肥壮紧结、有锋苗；色泽乌褐或棕褐较润、多金毫；香气甜浓、较持久；滋味较甜醇鲜；汤色红、较明亮；叶底肥嫩有芽，红匀明亮。

品　名	主产地及茶树品种	品质特征
晒红茶	云南省行政区域内。 云南大叶种 （凤庆大叶种、勐库大叶种、勐海大叶种）。	以云南省政区域内采收的大叶种茶树鲜叶为原料，经过萎凋、揉捻、发酵、造型或不造型、晒干、整理、蒸压定型干燥或不蒸压定型干燥、包装等特定工艺制成的红茶。按外观形态分为散茶、紧压茶和袋泡茶。 晒红茶散茶根据原料等级要求的不同，分为特级、一级、二级。 晒红茶散茶特级品质特征：条索肥壮紧结、芽毫显；色泽乌褐油润、金毫显露；香气甜香浓郁、强烈持久；滋味甜醇鲜爽；汤色红艳明亮，或泛紫色；叶底肥嫩多芽、紫红或红匀明亮。 不同于云南的滇红工夫红茶，晒红茶的干燥工序采用日光晒干，没有经过 100 度以上的高温烘烤，使得晒红茶保留了更多的活性物质，为后期转化提供了条件，因此晒红茶突破了一般红茶 2—3 年的保质期，可以像普洱茶一样长期保存，呈现出越陈越香的特有品质，成为一种新兴的云南茶叶产品。
川红工夫	四川省宜宾市。 早白尖等。	与"祁红""滇红"并称中国三大工夫红茶。 生产于宜宾市行政区域内，以四川中小叶群体种及其他中小叶无性系良种茶树幼嫩芽叶为原料，经萎凋、揉捻、发酵、干燥、精制而成的带有橘糖香或花果甜香的红茶产品。 橘糖香：具有类似成熟橘子甜香的香型。 根据产品品质特征，川红工夫产品分类和等级为： 单芽型——原料嫩度以茶树单芽为主。产品等级为特级。 芽叶型——原料嫩度以茶树一芽一叶为主。产品等级为特级。 多叶型——原料嫩度以茶树一芽二、三叶及同等嫩度对夹叶为主。产品等级分为一级和二级。

品 名	主产地及茶树品种	品质特征
英德红茶	广东省英德市。 英红九号、凤凰水仙、连南大叶、罗坑大叶、云南大叶等。	在英德红茶区域范围内（即广东省英德市英东、英中、英西北、英西南四大茶区市），以英红九号、传统大叶种（凤凰水仙、连南大叶、罗坑大叶、云南大叶等地方群体品种）以及广东省育成的其他无性系中小叶茶树品种的鲜叶为原料，按照特定工艺加工而成的条形红茶。 根据茶树品种不同分为英德红茶（英红九号）、英德红茶（传统大叶种）、英德红茶（中小叶种）三类。其中英红九号产品级别依据感官品质要求分为：特级一等（金毫）、特级二等（金毛毫）、一级、二级、三级。 特级一等（金毫）品质特征：条索芽头肥壮、满披金毫、略显黑线；色泽金黄鲜润，匀净；香气嫩甜兰香带毫香、幽长；汤色金红明亮；滋味鲜醇爽口，蔗甜兰韵明显；叶底全芽，肥硕柔软，铜红匀亮或嫩红明亮。 蔗甜兰韵：英德红茶茶汤滋味中表现出来的清甜带兰香的复合香味特征。
信阳红	河南省信阳市。 信阳10号、福鼎大白茶等。	以信阳市行政区域内的茶树鲜叶为原料，经萎凋、揉捻、发酵、干燥和精致加工工艺制成的具有特定品质的条形红茶。 产品级别依据感官品质分为：金芽、特级、一级、二级、三级。 金芽感官品质要求：条索紧细多锋苗；色泽棕润、金毫显露；香气鲜嫩甜香；汤色橙红明亮；滋味鲜醇甘爽；叶底细嫩匀整红亮。

（六）黑茶

品　名	主产地及茶树品种	备　注
茯砖茶（金花茯茶）	湖南省益阳市安化县。 安化云台山大叶种、楮叶齐、安化群体种等。	安化黑茶为湖南省地理标志产品。其中茯砖茶（金花茯茶）是以安化黑茶黑毛茶为原料，经毛茶筛分、半成品拼配、渥堆、汽蒸、压制、发花、干燥等工艺加工生产的具有茯茶品质特征的方形、条形、圆形等形状或再改形的黑茶，或不经压制的散状黑茶。 按压制方式分为机制茯茶和手筑茯茶。按品质分为超级茯砖茶、特制茯砖茶和普通茯砖茶三个等级。超级茯砖茶是指以一级以上安化黑毛茶原料为主压制生产的紧压茯茶；特制茯砖茶是指以二级安化黑茶黑毛茶原料为主压制生产的紧压茯茶；普通茯砖茶是指以三级安化黑茶黑毛茶原料为主压制生产的紧压茯茶。 超级茯砖茶（压制）感官品质特征：外观平整，松紧适度，规格一致，金花茂盛；香气纯正菌花香；汤色橙黄明亮；滋味醇厚；叶底黄褐，尚嫩，叶片尚匀整。
普洱茶（熟茶）	云南省西双版纳傣族自治州、普洱市、临沧市、保山市等。 云南大叶种（勐海大叶种、勐库大叶种、凤庆大叶种）等。	普洱茶为国家地理标志产品。其中普洱茶（熟茶）是以云南大叶种晒青茶或普洱茶（生茶）在特定的环境条件下，经微生物、酶、湿热、氧化等综合作用（后发酵），其内含物质发生一系列转化，而形成的独有品质特征的产品。 普洱茶（熟茶）散茶等级：按品质特征分为特级、一级至十级共11个等级。 特级普洱茶（熟茶）散茶特级感官品质特征：条索紧细、匀整；色泽红褐润显毫；香气陈香浓郁；滋味浓醇甘爽；汤色红艳明亮；叶底红褐柔嫩。

品 名	主产地及茶树品种	备 注
六堡茶	广西壮族自治区梧州市苍梧县六堡镇等。 苍梧县群体种、大中叶种等。	广西地理标志产品。选用苍梧县群体种、大中叶种等茶树的鲜叶为原料，经杀青、初揉、堆闷、复揉、干燥工艺制成毛茶，再经过筛选、拼配、汽蒸或不汽蒸、渥堆、汽蒸、压制成型或不压制成型、陈化、成品包装等工艺过程加工制成的具有独特品质特征的黑茶。根据六堡茶的制作工艺和外观形态，分为六堡茶（散茶）和六堡茶（紧压茶）。 ①六堡茶（散茶）：未经压制成型，保持了茶叶条索的自然形状，而且条索互不黏结的六堡茶。 ②六堡茶（紧压茶）：经汽蒸和压制后成型的各种形状的六堡茶，包括竹箩装紧压茶、砖茶、饼茶、沱茶、圆柱茶等，分别以对应等级的六堡茶（散茶）加工而成，或以六堡茶毛茶加工而成。 ③等级：按感官品质特征和理化指标，六堡茶（散茶）和六堡茶（紧压茶）两者都分为特级、一级至六级共7个等级。 特级六堡茶（散茶）感官品质：条索紧细、圆直；色泽黑褐、黑、油润；香气陈香纯正；滋味陈、醇厚；汤色深红、明亮；叶底褐、黑褐、细嫩、柔软、明亮。

品　名	主产地及茶树品种	备　注
泾阳茯砖	咸阳市泾阳县。 陕西紫阳黑毛茶、湖南安化黑毛茶、广西六堡黑毛茶等。	陕西省地理标志产品。在陕西省泾阳县地理标志产品批准保护区域内独特的自然生态环境下，以黑毛茶为原料，经精选、切筛、拼配、渥堆、蒸炒、压块定型、发花、干燥、包装等传统加工工艺制成的茯砖茶。按感官要求分为：特一级、特二级、普茯。 特一级泾阳茯砖感官要求：外形砖面平整、紧度适合、棱角分明、厚薄一致，发花普遍茂盛、砖内无烧心黑霉、白霉、青霉、红霉等杂菌；色泽为黑褐色；香气浓郁、显菌花香；滋味浓；叶底黑褐、软亮。 最初采用陕南及四川原料加工筑制，后采用湖南安化黑毛茶为原料，因在泾阳筑制，称"泾阳砖"，因在伏天加工，故又称"伏茶"。由于系用官引制造，交给官府销售，又叫"官茶""府茶"。
羊楼洞砖茶	湖北省咸宁市下辖赤壁市、通山县、崇阳县等。 当地群体种、鄂茶1号、中茶108、储叶齐等。	湖北省地理标志产品。羊楼洞砖茶是以老青茶或红茶为原料，经初制、发酵、复制、蒸制、紧压成型、烘制及包装等工艺过程加工而成的长方体片状紧压茶产品。 ①青砖：羊楼洞砖茶的一种。其原料为老青茶（分面茶和里茶），经发酵、复制、蒸制、紧压、烘制等工序制作而成的长方体片状茶叶产品。 ②米砖：羊楼洞砖茶的一种。其原料为红茶的片末或低级红茶轧细碎末，经蒸制、紧压、烘制等工序制作而成的长方体片状茶叶产品。 历史上老青砖茶主要在蒲圻（现在的赤壁市）的羊楼洞生产，因砖面印有"川"字标志，故又名"川字茶"。

品　名	主产地及茶树品种	备　注
雅安藏茶	四川省雅安市。 老川茶（本地群体种）、福选9号、名选131等。	在雅安市辖行政区域内，以雅安藏茶黑毛茶原料，采用南路边茶的核心制作技艺加工而成的黑茶类产品，具有褐叶红汤、陈醇回甘的独特品质。 按照其形态分为紧压藏茶、散藏茶、袋泡藏茶。紧压藏茶与散藏茶按品质特征分为毛尖、芽细、金玉三个等级。袋泡藏茶不分等级。 紧压藏茶毛尖品质特征：表面平整、棱角分明、色泽黑褐油润；香气浓、带陈香；滋味醇厚、回甘；汤色红、明亮；叶底嫩、色褐。
安茶	黄山市祁门县芦溪乡、溶口乡一带。 祁门槠叶种（群体种）、"安徽1号""安徽3号"等。	安徽省地理标志产品。以祁门槠叶种及以此为母本选育的"安徽1号""安徽3号"等无性系良种为主的茶树品种鲜叶为原料，采用露茶、蒸制等特定工艺、竹篓包装制成，具有独特品质特征的茶叶。 安茶按品质差异，分为特贡、贡尖、毛尖、一级。 特贡级安茶：条索紧细、匀整；色泽黑褐油润有毫；香气高长；滋味醇甜；汤色澄黄明亮；叶底嫩匀、黄褐明亮。 安茶又称"徽青""老六安""安徽蓝茶"。历史上内销两广、香港，外销东南亚诸国，被誉为"圣茶"。抗战期间停产，20世纪80年代恢复生产。

（七）再加工茶及代用茶

品　名	主产地及茶树品种	备　注
茉莉花茶	广西横州市（原横县），四川乐山市犍为县、自贡市荣县，福建福州市，云南元江县，安徽歙县等。 各地群体种、云南大叶种、南山白毛茶、福鼎大白毫、福云6号、福云7号、槠叶种等多种适制烘青绿茶的品种。	茉莉花茶属于再加工茶，主要是以烘青绿茶为主要原料，按照传统工艺，通过与新鲜含苞待放的茉莉花多次窨制（即花茶制作中的"窨花"工艺）而成。这一过程需多次反复，茉莉鲜花的香气分子逐渐渗透入茶叶之中，使得茶叶吸附了浓郁的花香。 茉莉花茶拥有清新高雅的茉莉花香，闻之令人心旷神怡；茶汤入口甘醇爽口，回味悠长，既保留了绿茶的鲜爽，又融合了茉莉花的芬芳，两者相得益彰，给人以独特的味觉享受。 茉莉花茶按感官品质特征分四个等级：特种茉莉花茶、特级、一级、二级。 特种茉莉花茶外形造型独特，有毛尖、毛峰、龙珠、香针、银芽等，匀整、净；香气鲜灵浓郁；汤色黄绿、清澈、明亮；滋味鲜浓醇厚；叶底嫩匀绿亮。 特级外形细紧或肥壮、有锋苗、有毫、匀整、净；香气鲜浓醇持久；汤色黄绿明亮；滋味浓醇鲜爽；叶底嫩匀绿亮。

品　名	主产地及茶树品种	备　注
柑普茶	广东江门市新会区、广西钦州市浦北区等。	柑普茶属于加料调味茶，是以普洱茶和经制皮、干燥、陈化等工艺处理的柑果或陈皮两种原料，按适当配比拼合、干燥、包装等工艺制成的，同时具有普洱茶和柑皮或陈皮风味特点的茶产品，包括小青柑普洱茶、大红柑普洱茶以及陈皮普洱茶，三种形式。 这里的"柑"，全名为"茶枝柑"，是一种柑橘属品种。茶枝柑和水果柑橘的最大区别是，茶枝柑不吃果肉，只留成熟的果皮制成干皮，即为中药陈皮。茶枝柑果随着生长越来越大，表皮也会呈现不同的颜色，小果为青色，中果为微黄色，长到大果变为橙红色，对应称呼为：小青柑、二红柑、大红柑。 小青柑普洱茶的定义：以适度大小的青色柑鲜果，掏弃果肉后，填充普洱茶生茶或熟茶，然后干燥制成的柑普茶，即为小青柑普洱茶生茶和小青柑普洱茶熟茶； 大红柑普洱茶的定义：以黄色或红色成熟的茶枝柑鲜果，掏弃果肉后，填充普洱熟茶或生茶，然后干燥制成的柑普茶，即为大红柑普洱茶生茶和大红柑普洱茶熟茶； 陈皮普洱茶：以干燥的陈皮（三年或以上的柑皮）与普洱茶生茶或熟茶原料按照适当配比加工而成的柑普茶，即为陈皮普洱茶生茶和陈皮普洱茶熟茶。

品　名	主产地及茶树品种	备　注
莓茶 （代用茶）	湖南张家界市、湘西永顺县等。 显齿蛇葡萄植物。	莓茶属于代用茶，是指生长于武陵山脉、以张家界为核心生长区域生长的小叶种显齿蛇葡萄植物，也叫小叶种藤茶。 2013 年，显齿蛇葡萄植物经国家卫生计生委批准为新食品原料。该植物含有的天然活性成分主要为黄酮，其中芽尖总黄酮含量高达 43.78%，是所有被发现的植物中黄酮含量最高的植物，被誉为"黄酮之王"。 莓茶在加工过程中细胞破碎，细胞中所含的黄酮活性成分（二氢杨梅素）渗透至表面而形成一层"白霜"。 张家界莓茶按加工原料种类、加工工艺及成品品质特征，分为芽尖莓茶、普叶莓茶和颗粒莓茶三大类。 芽尖莓茶等级最高，是以 4～9 月采摘的长度 5～12cm、带 1～3 芽和 3 叶～10 叶的幼嫩芽尖为原料，经摊青、杀青、揉捻、析晶、干燥、分拣、预包装等工序加工而成。 芽尖莓茶的品质特征：条索紧细卷曲，茎叶相连，匀净，表面披霜，霜色银白或灰白；汤色黄亮；香气清香，较浓郁；滋味浓厚，甘爽，回甘；叶底茎叶细嫩，色泽嫩绿黄。 莓茶因为不是山茶科植物，不属于真正的茶类，所以不含茶碱、咖啡因。药理研究表明，莓茶的药理作用包括抗氧化、保肝护肝、抗瘤抗癌、抑菌抗炎等。